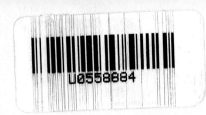

浙江大學出版社據浙江大學圖書
館藏清乾隆四十九年刻抱經堂叢
書本（勞權批校）影印原書框高
一八四毫米寬一三二毫米

盧校叢編　陳東輝　主編

# 重校方言

〔清〕盧文弨　撰
〔清〕勞權　批校

浙江大學出版社·杭州

# 《盧校叢編》出版説明

清代校勘學興盛，名家輩出，盧文弨、顧千里、戴震、錢大昕、阮元、段玉裁、王念孫、王引之、孫詒讓、俞樾等均成績卓著，由此産生了一批歷代典籍的精校精刻本，至今仍有重要參考價值。

盧文弨（一七一七—一七九六），初名嗣宗，後改名文弨，字紹弓（一作召弓），號磯漁（又號檠齋），晚年更號弓父（弓甫）。其堂號曰抱經堂，人稱抱經先生。其祖籍浙江餘姚，明代遷居於仁和（今杭州）。盧文弨乃清代乾嘉時期之著名學者，學識博洽，著述宏富。他的門生臧庸對他推崇備至，曰：『盧抱經學士，天下第一讀書人也。』[一]他在學術上的最大成就，在於校勘古書。據統計，盧氏所鈔校題跋的書籍多達三百五十二種，其中經部八十二種，史部七十種，子部一百零六種，集部九十四種。[二]他與當時著名考據學家戴震、王念孫、段玉裁交往較多，並深受他們的影響。他大倡實學，尤好校書，聞有善本，必借抄録。其校勘方法，以訓詁爲主，重視舊本，多方參驗，頗下功力。誠如錢大昕所云：

> 學士盧抱經先生精研經訓，博極群書，自通籍以至歸田，鉛槧未嘗一日去手。奉廩修脯之餘，悉以購書。遇有祕鈔精校之本，輒宛轉借録。家藏圖籍數萬卷，皆手自校勘，精審無誤。凡所校定，必參稽善本，證以它書，即友朋後進之片言，亦擇善而從之，洵有合於顔黄門所稱者，自宋次道、劉原父、貢父、樓大防諸公，皆莫能及也。[三]

盧文弨將畢生獻給了他所鍾愛的校勘古書事業，堪稱以學術爲生命之典範。張舜徽對盧氏之評價有畫龍點睛之妙，他説：（盧文弨）『屏絶人世一切之好，終身以校之，所校書爲最多，裨益於士林亦最巨。』[四]翁方綱謂其『專詳於所訂諸書者，校讎經籍之功，近世儒林之所少也』[五]。吴騫云：『舜江盧紹弓學士性敏達而好學，一生手不停披。凡經史百家之書，無不句讎字勘，丹黄粲然，且無一懈筆。校刊漢魏諸儒書，皆有功學者。其詩以餘事爲之，然亦不落輓近。』[六]又云：（盧文弨）『尤癖嗜典籍，幾忘寢饋。聞人有異書，必宛轉假録，遇亥豕則爲校正而歸焉，人亦樂以借之。』[七]嚴元照曰：『抱經先生喜校書。自經傳、子史，下逮説部、詩文集，凡經披覽，無不丹黄者。即無別本可勘同異，必爲之釐正字畫然後快。嗜之至老逾篤，自笑如猩猩之見酒也。』[八]周中孚云：『抱經家藏羣書，皆手自校勘，精審無誤。凡所校定，必參稽善本，證以他書，即友人後進之片言，亦擇善而從之。』[九]錢泳指出：（盧文弨）『平生最喜校正古籍，爲鍾山書院山長，其所得館穀大半皆以刻書，如《春秋繁露》、賈子《新書》、《白虎通》、《方言》、《西京雜記》、《釋名》、《顔氏家訓》、《獨斷》、《經典釋文》、《孟子音義》、《封氏見聞録》、《三水小牘》、《荀子》、《韓詩外傳》之類，學者皆稱善本。』[一〇]丁丙曰：『校勘之學，至乾嘉而極精，出仁和盧抱經、吴縣黄蕘圃、陽湖孫淵如之手者，尤讎校精審。』[一一]

劉咸炘認爲盧文弨『爲功後學不小。經疏校正，猶非罕見，然創始之功已不可没。阮校以盧爲藍本』[一二]。王欣夫對盧文弨給予高度評價，説：『他在校讎方面付出了辛勤的勞動，取得了卓越的成就，數清代校讎專家，當推他是第一流。』[一三]葉樹聲提到：『盧文弨校書兩百三十多種，上至經史，下逮詩文，無不丹黄。其校最多，裨益於士林也最大。』[一四]曾貽芬認爲：『盧文弨的校勘成果主要體現在他所校刻的諸書中，然而在他所自爲書的《羣書拾補》中，有關校勘的内容仍占有相當的篇幅，而且還很集中。《抱經堂文集》則包含有不少有關校勘原則的精闢論述。盧文弨校勘精審，《羣書拾補》中的不少校勘成果，已被後人採納。』[一五]傅璇琮贊曰：『盧文弨一生校定的古籍，鏤版行世的如《經典釋文》、《逸周書》、《賈誼新書》、《春秋繁露》等等，都是流傳不衰的佳書，他的《羣書拾補》，其精審的校勘更是某些浮言空論所不能望其項背的。』[一六]楊軍、曹曉雲對盧文弨甚爲推崇，指出：『盧氏校勘極精，頗多特見，學識深厚，可資參考者多而大抵皆有據，非如俗人之妄論。然撲塵掃葉，難免偶疏，誠所謂千慮之失，不可苛責。《釋文》多歷竄亂，非一人之力可治，而盧氏之校，寔陸元朗之功臣也。』[一七]張之洞的《書目答問》在列舉清代校勘之學家時曰：『諸家校刻書，並是善本，是正文字，皆可依據。戴、盧、丁、顧爲最。』[一八]

盧文弨在校勘學領域取得了傑出成就，同時在目録學、版本學、訓詁學、文字學、音韻學、辨僞學、輯佚學等方面亦頗有造詣。

盧文弨所編纂的《抱經堂叢書》乃盧氏自校，向以校勘精善、質量上乘而著稱於世，乃中國歷史上最有影響的叢書之一，是當之無愧的精校精刻本，深受學者關注與好評。孫詒讓贊曰：『盧所校者尤衆，其刻《抱經堂叢書》數十種最爲善本。』[一九]繆荃孫在論及清代乾嘉時期叢書編刻盛況時説：『有志在傳古，校讐最精者，如盧學士之《抱經堂》是也。』[二〇]梁啓超在論及清代學者整理舊學之成績時曰：『校釋諸子（或其他古籍）之書，薈萃成編最有價值者：其一，爲盧抱經之《羣書拾補》。抱經所校各書，有多種已將新校本刻出，剩下未刻者，有許多校語批在書眉，把它匯成此書。』[二一]傅增湘則謂『《抱經堂叢書》尤精博』，『奄有諸家之長，而無其短』[二二]。《增訂四庫簡明目録標注》注明《抱經堂叢書》『甚佳』[二三]。中華書局編輯部編的《叢書集成初編總目索引》中的《叢書百部提要》有云：（盧文弨）『每校一書，必搜羅諸本，反覆鈎稽。乾隆間，彙刊所校漢唐人書及所著札記文集，爲《抱經堂叢書》。其卓識宏議，見於盧氏自爲各書序跋。版式雅飭，鐫印俱精。』[二四]洪湛侯的《百部叢書集成研究》指出：『《抱經堂叢書》所收這些重要校本，大抵以舊本爲依據，却不迷信舊本，依據宋本又不惟宋是從，態度極爲認真。……盧文弨這些校勘成果，對於後代的古文獻研究者，幫助極大。』[二五]潘美月在《清代私家刊本特色》一文中提到：『刊刻叢書乃清代私家刻書之最大特色。……故清代私家刻書以校讎爲主者，當首推盧文弨之刻《抱經堂叢書》。』[二六]

《抱經堂叢書》有清乾隆嘉慶間刻彙印本[二七]，以及民國十二年（一九二三）北京直隸書局影印清乾隆嘉慶間刻本。一九六八年，臺灣藝文印書館又據清乾隆嘉慶間刻本影印（其中的《春秋繁露》、《獨斷》二書改用其它叢書的最佳版本，并新增了《三水小牘》之《逸文》），從而使其成爲該館出版的嚴一萍選輯的《百部叢書集成》（與《叢書集成初編》不同，《百部叢書集成》對所收各叢書加以整部影印，并且不重新分類編排）之一種。

《抱經堂叢書》包括《經典釋文》、《儀禮注疏詳校》、《逸周書》、《白虎通》、《輶軒使者絶代語釋别國方言》、《荀子》、《新書》、《春秋繁露》、《顔氏家訓》、《羣書拾補》、《西京雜記》、《獨斷》、《三水小牘》、《鍾山札記》、《龍城札記》、《解春集文鈔》、《抱經堂文集》等十七種子目書。《抱經堂叢書》受到廣大學者的高度重視，一直在古籍整理研究工作中發揮着重要作用，已有多種古籍整理點校著作將《抱經堂叢書》本作爲底本或參校本。如質量甚高的王利器的《顔氏家訓集解》（中華書局二〇一三年版），即以盧文弨校定《抱經堂叢書》本《顔氏家訓》爲底本。吴雲、李春臺校注的《賈誼集校注》（天津古籍出版社二〇一〇年版）中的主體部分，也就是《賈子新書》，以盧文弨校定《抱經堂叢書》本《新書》爲底本。同時，吴士鑑的《晉書斠注》（吴興劉氏嘉業堂一九二八年刻本），（清）郭慶藩的《莊子集釋》（中華書局一九六一年版），（清）王先謙的《荀子集解》（中華書局一九八八年版），（清）王先慎的《韓非子集解》（中華書局一九九八年版），（清）蘇輿的《春秋繁露義證》（中華書局一九九二年版），楊伯峻的《列子集釋》（中華書局一九七九年版），張純一的《晏子春秋校注》（中華書局二〇一四年版），劉文典的《莊子補正》（中華書局二〇一五年版），朱季海的《説苑校理 新序校理》（中華書局二〇一一年版），徐小蠻、顧美華點校的《直齋書録解題》（上海古籍出版社一九八七年版），任繼昉纂的《釋名匯校》（齊魯書社二〇〇六年版）等，均吸收了盧文弨的相關校勘成果。再則，華東師範大學《子藏》編纂中心編的《子藏・道家部・列子卷》（國家圖書館出版社二〇一三年版）收録了《抱經堂叢書》本《羣書拾補》中的《列子張湛注校正》，《子藏・法家部・韓非子卷》（國家圖書館出版社二〇一四年版）收録了《抱經堂叢書》本《羣書拾補》中的《韓非子校正》，《子藏・道家部・莊子卷》（國家圖書館出版社二〇一一年版）收録了《抱經堂叢書》本《經典釋文》中的《莊子音義攷證》。

綜合考慮學術價值、讀者需求、已有相關出版物等因素，我們業已將《抱經堂叢書》中的《白虎通》、《春秋繁露》、《新書》、《逸周書》、《經典釋文》（附盧文弨《經典釋文攷證》）等五種子目書加以影印出版，接下來還將推出國家圖書館藏清抄本《廣雅注》（盧文弨撰）、上海圖書館藏（葉景葵舊藏）清乾隆刻本《顏氏家訓》（清趙曦明、盧文弨注）等的影印本，作爲《盧校叢編》陸續刊行之出版品。

此前，筆者曾主持《盧文弨全集》的整理校點，前後歷時十一年，對現存盧文弨著述進行了全面而系統的整理。《盧文弨全集》是作爲『浙江文化研究工程』重要組成部分的《浙江文獻集成》

之一種，列入『二〇一一—二〇二〇年國家古籍整理出版規劃』，並成功入選『二〇一五年度國家古籍整理出版專項經費資助項目』，已由浙江大學出版社於二〇一七年出版。同時，筆者曾對盧文弨及相關清代學者進行過專門研究，已出版《清代學術與文化新論》等專著，編著或主編《清代學者研究論著目録初編》、《清代學者研究論著目録續編》和《清代學術大師專人研究文獻目録叢刊》等工具書。因此，《盧校叢編》的整理出版，對於擔任主編的筆者個人而言，可以視爲清代學術史、古典文獻學研究之延續和拓展；對於出版社來説，可以看作《盧文弨全集》的衍生出版物。

陳東輝

二〇二二年七月謹誌於浙江大學漢語史研究中心

# 注

[一]（清）臧庸：《拜經堂文集》卷三《與顧子明書》，載《續修四庫全書》第一四九一册，上海古籍出版社一九九五—二〇〇二年版，第五七五頁。

[二]參見陳修亮編著：《盧文弨鈔校題跋本目録》，載陳東輝主編：《盧文弨全集》第十五册《附録上編》，浙江大學出版社二〇一七年版，第三七三—四七六頁。

[三]（清）錢大昕：《潛研堂文集》卷二十五《盧氏羣書拾補序》，載陳文和主編：《嘉定錢大昕全集》（增訂本）第九册，鳳凰出版社二〇一六年版，第三八八頁。

[四]張舜徽：《廣校讎略》卷四，載張舜徽《廣校讎略漢書藝文志通釋》，華中師範大學出版社二〇〇四年版，第七六頁。

[五]（清）翁方綱：《皇清誥授朝議大夫前日講起居注官翰林院侍讀學士抱經先生盧公墓誌銘》，載陳東輝主編：《盧文弨全集》第十五册《附録上編・有關墓誌傳記・墓誌類》，浙江大學出版社二〇一七年版，第一三頁。

[六]（清）吴騫：《拜經樓詩話》卷三，載《續修四庫全書》第一七〇四册，上海古籍出版社一九九五—二〇〇二年版，第一二九頁。

[七]（清）吴騫：《愚谷文存續編》卷一《抱經堂集序》，載《清代詩文集彙編》第三八〇册，上海古籍出版社二〇一〇年版，第三二八頁。

［八］（清）嚴元照：《悔菴學文》卷八《書盧抱經先生札記後》，載《清代詩文集彙編》第五〇八册，上海古籍出版社二〇一〇年版，第五五一頁。

［九］（清）周中孚著，黄曙輝、印曉峰標校：《鄭堂讀書記》卷五十五，上海書店出版社二〇〇九年版，第九〇五頁。

［一〇］（清）錢泳撰，張偉點校：《履園叢話》六，中華書局一九七九年版，第一四六頁。

［一一］（清）丁丙：《善本書室藏書志》，載《續修四庫全書》第九二七册，上海古籍出版社一九九五—二〇〇二年版，第六八八頁。

［一二］劉咸炘：《内景樓檢書記・子類》，載劉咸炘：《推十書》（增補全本）丁輯，上海科學技術文獻出版社二〇〇九年版，第五八六頁。

［一三］王欣夫：《文獻學講義》，上海古籍出版社一九八六年版，第四二四頁。

［一四］葉樹聲：《乾嘉校勘學概説》，《安徽大學學報》（哲學社會科學版）一九八九年第四期，第一—五頁。

［一五］曾貽芬：《試論盧文弨、顧廣圻的校勘異同及其特點》，《史學史研究》一九九七年第四期，第五七頁。

［一六］傅璇琮：《盧文弨與〈四庫全書〉》，載傅璇琮：《濡沫集》，北京聯合出版公司二〇一三年版，第六〇頁。

［一七］楊軍、曹曉雲：《〈經典釋文〉文獻研究述論》，《合肥師範學院學報》二〇一五年第四期，第四頁。

［一八］（清）張之洞撰，范希曾補正：《書目答問補正》，上海古籍出版社二〇〇一年版，第二六七頁。

［一九］孫延釗輯，張憲文整理：《孫詒讓序跋輯録》，《文獻》一九八六年第一期，第一八五頁。

［二〇］繆荃孫：《藝風堂文集》卷五《積學齋叢書序》，載《續修四庫全書》第一五七四册，上海古籍出版社

一九九五—二〇〇二年版，第九八頁。

［一二］梁啓超：《中國近三百年學術史》，商務印書館二〇一一年版，第二七七頁。

［一三］傅增湘：《藏園群書題記》附録二《抱經堂彙刻書序》，上海古籍出版社一九八九年版，第一〇六七頁。

［一三］（清）邵懿辰撰，邵章續録：《增訂四庫簡明目録標注》，上海古籍出版社二〇〇〇年版，第五五一頁。

［一四］中華書局編輯部編：《叢書集成初編總目索引》，中華書局二〇一二年版，第二三頁。

［一五］洪湛侯：《百部叢書集成研究》，臺灣藝文印書館二〇〇八年版，第一三八頁。

［一六］潘美月：《龍坡書齋雜著——圖書文獻學論文集》，載《古典文獻研究輯刊》十三編，臺灣花木蘭文化出版社二〇一一年版，第四九五—四九六頁。

［一七］上海圖書館編的《中國叢書綜録》（上海古籍出版社一九八二年版）等工具書以及有關論著，將《抱經堂叢書》之版本著録爲『清乾隆嘉慶間餘姚盧氏刊本』或『清乾隆嘉慶間餘姚盧氏抱經堂刊本』，應該説是不够準確的，因爲該叢書中的盧文弨、謝墉校補的《荀子》二十卷《校勘補遺》一卷，係清乾隆五十一年（一七八六）嘉善謝氏所刻。

# 前言

盧文弨的《重校方言》（又名《校正方言》）是在丁杰校本之基礎上完成的，這一點盧氏已在《重校方言序》中明確説明。因此《叢書集成初編》本《重校方言》的版權頁署爲盧文弨、丁杰校訂。劉錦藻《清續文獻通考》曰：『文弨此書，因丁杰之舊排比而整齊之。序謂合之原本，復改正百廿有餘條，功亦懋矣。』盧文弨的《重校方言》與之前的戴震的《方言疏證》，被公認爲清代關於《方言》的最具價值的兩個校本。周祖謨指出，這兩個本子互有短長，論學識盧不如戴，論詳審戴不如盧。〔一〕周祖謨的《方言校箋》，就全面吸收了戴震、盧文弨、王念孫等清代學者的校勘成果。

盧文弨在《與丁小雅（杰）進士論校正方言書》中，指出了戴氏《方言疏證》的若干疏誤之處，其中有云：

> 《方言》一書，戴君《疏證》已詳，愚非敢掩以爲己有也。然疏證之與校正，其詳略體例，微當不同，亦因其中尚有未盡者，欲以愚見增成之，故別鈔一編。今不能即寄，聊舉一二，

乞足下審正之。大凡昔人援引古書，不盡皆如本文。故校正羣籍，自當先從本書相傳舊本爲定。況未有彫板以前，一書而所傳各異者，殆不可以偏舉。今或但據注書家所引之文，便以爲是，疑未可也。如卷一內：『延，長也。』又云：『延、永，長也。』凡施於年者謂之延，施於衆長謂之永。』案：『延，長也』已見於上，似可不必復出。葢此自爲下文，各見其義，故先竝舉之於上，揆以文法，斷當如是，考之宋本，亦無不同。今或但據李善注、嵇康《養生論》引作『延，年長也』，便謂此書作『延、永，長也』爲誤。夫善此注，特檃括施於年者謂之延意耳。《爾雅疏》始誤以爲即《方言》本文，此不可以『穉，年小也』相比例。夫使云『延，年長也』，下即當云『永，衆長也』而後可。不然，兩句復沓，於文義殊未安。《方言》此語，亦祇大判而言，其實通用處正多也。〔二〕

戴震乃盧文弨之好友，多有交遊。例如，清乾隆二十一年（一七五六），盧文弨曾將其外祖父馮景所注的《淮南子洪保》〔三〕送戴震校讀；〔四〕清乾隆二十二年（一七五七），盧文弨又將其所藏元刻本《大戴禮記》借與戴震，〔五〕而戴震也將其所撰的《屈原賦校注》借與盧文弨。〔六〕此外，戴震在清乾隆二十六年（一七六一）所撰的《再與盧侍講書》之末尾，還專門向盧文弨引薦了同門程瑶田。〔七〕

因此，盧文弨對戴震是敬重和信任的，並不存在偏見，而應該是從學術交流的角度就事論事的。尤其值得贊賞的是，在該書札中，盧文弨在中肯地指出戴震之疏誤及其原委的同時，還專門提及了因《方言疏證》在前，故自己的《重校方言》纔可以減少紕繆，具體文字如下：

戴君通人，在日，文弨敬之愛之，情好甚摯。今此書若無戴君理之於前，使文弨專其事，紕繆當益多，決不止於此區區數條而已。今戴君已没，寧忍爲之吹毛索瘢乎？然念古書流傳既久，其考訂必非一人精力所能盡，戴書之善者已盡取之而著之矣，安知他人所見不又有出於文弨所見之外者乎？願足下先爲吾斷其是非焉。如有新得，乞即録示是望。〔八〕

王國維曾對《重校方言》作過校勘，謂『抱經先生校此書，極有功』〔九〕。

孫欽善指出：

盧文弨兼通小學、名物、典制、史實及古書體例，故亦多用理校。其《方言校正》〔一〇〕是一部據小學校書的佳作，從《與丁小雅（杰）進士論校正方言書》中所舉正戴震《方言疏證》誤校之例，即可略見水平之高……盧文弨在理校上以利用小學知識爲主，在所校專書及《羣書拾補》中不乏其例。〔一一〕

盧文弨雖然並非以小學而著稱，但通過《重校方言》等著述，也可以看出他在小學方面的深厚功底。

華學誠長期從事《方言》研究及校勘，對《重校方言》進行過系統而深入的研究，云：

盧氏《重校方言》常用的方法，雖然主要是根據不同刻本、校本和類書古注，比較異同，斟酌取捨，但是其校勘之法並非僅限於此。作爲一代校勘大家，其校勘功力、其校勘之精更不是上述方法所能涵蓋的。通觀《重校方言》，善於以本書前後互證，以本條上下文勘誤，據本條内容進行推究，當是盧校的一大特色。〔一二〕

華學誠還曰：『盧氏《重校方言》的重點固然是在校勘，但也有一些疏釋《方言》詞語的内容，而且其中不乏精彩之處。從語言學史的角度來討論該書，不應該不注意到這一點。』〔一三〕又謂：

總起來看，盧氏《重校方言》確實取得了不少校勘成果，尤其是在版本資料的占有上，比戴校本更加完備。其於校勘亦能在對校、他校之外致力於理校，特别值得稱道的是，能努力運用語言文字學的知識和方言今語勘正舛誤、諟正積非，確定的一些校勘原則也很有意義。〔一四〕

華學誠匯證的《揚雄方言校釋匯證》〔一五〕，所用清以來刻本、叢書本、校注本，包括校注札記，共計二十二種，其中重點參考了戴震、盧文弨等十家。

同時，華學誠在《〈方言〉及其注本三論》中也指出了《重校方言》之疏漏，如：硬將郭氏音注分别爲二，且亂其次第，以致郭氏用晉方言注漢方言、音注互相發明的精神全不可見；過於信據舊本，往往不能比量群籍、會通舊注而科學判斷；聲韻不精，校訂郭音，時失專輒。〔一六〕

《重校方言》共計十四卷（其中《校正補遺》一卷），有《抱經堂叢書》本、《古經解彙函》覆《抱經堂叢書》本、《叢書集成初編》影印《抱經堂叢書》本、《百部叢書集成》影印《抱經堂叢書》本、國際文化出版公司一九九三年版《字典彙編》影印《抱經堂叢書》本、國家圖書館出版社二〇一三年版《漢語方言研究文獻輯刊》影印《抱經堂叢書》本。

浙江大學圖書館藏有清乾隆四十九年（一七八四）刻《抱經堂叢書》本《輶軒使者絶代語釋別國方言》（即《重校方言》）十三卷《校正補遺》一卷。該書中有清代著名校勘學家和藏書家勞權之朱墨筆批校，所涉及的内容十分廣泛，異常珍貴！

勞權（一八一八—？），字平甫，又字巽卿，號蟫隱，又號飲香同隱、丹鉛精舍主人、雙聲閣主人等，自署丹鉛生、蟫盦、衡子等，浙江仁和塘棲（今杭州市臨平區塘棲鎮）人。勞權出生於書香門第，其父勞經原（又作勞經元、勞經源，字笙士）乃清代學術大師臧庸之弟子，性嗜讀書和藏書。勞經元有三子，即長子勞檢、次子勞權、三子勞格。勞權、勞格（字季言，一八二〇—一八六四）兄弟繼承了其父的藏書事業並加以發揚光大，專攻群經諸史，精於校讎之學，有『二勞』之稱。勞氏的藏書處所有丹鉛精舍、鉛槧齋、學林堂、燕喜堂、拂塵掃葉樓、木芙蓉館、玉參差館、秋井草堂、漚喜亭、雙聲閣、震無咎齋等。據稱丹鉛精舍原址在塘棲鎮西小河街北埭，其樓始建於清乾隆年間，以楠木爲廳，有樓三楹以貯書。〔一七〕

勞權的藏書印章有『勞權』、『勞權印』、『勞權之印』、『權』、『勞巽卿』、『平甫』、『巽卿』、『勞權過眼』、『丹鉛精舍』、『燕喜堂』、『學林堂平甫勞權之印』、『學林堂』、『木芙蓉館』、『玉參差館』、『蟫隱』、『蟫盦』、『雙聲』、『染蘭』、『實事是正多聞闕疑』等。

勞權堪稱清代著名校勘學家和藏書家，所校之書採用蠅頭小楷，密行細書，字體方正，鐵畫銀鈎，精整秀麗，一絲不苟。勞權批校本中的校勘之語引證既博且精，充分顯示出其湛深之功底。

勞權批校本乃精品裏的精品，堪稱清代衆多批校本中之白眉，向來爲學者和藏家所重。當代著名藏書家韋力語出驚人，曰：『毛鈔、勞校、顧批、黄跋〔一八〕，這書界裏的四大名品，堪比四個偉大，屬於萬歲級的。』〔一九〕他在《勞格丹鉛精舍：世重其鈔今已難覓》〔二〇〕一文中，對勞校本贊美有加。

鄧邦述在清乾隆五十四年（一七八九）江都秦氏刻本《鬼谷子》的題識中，對勞校本評價極高：『勞氏兄弟校書之精，殆掩乾嘉諸老輩而上之。』〔二一〕

莫伯驥在勞氏丹鉛精舍舊藏寫本《張淮陽詩集》一卷之題跋中云：『乾隆以後，鮑氏、顧氏始有死校之説，然朱墨不無潦草，難於迻寫。迄勞氏兄弟，則校筆嚴整，勘對精詳，後來居上矣。』〔二二〕

潘景鄭曾就勞權手鈔《雲山日記》作跋，云：『是本繕寫精緻……眉間别有校語……頃攜來滬上，重爲展讀，焚燎之餘，彌以珍視矣。』〔二三〕另外，關於自臨勞季言校本《笠澤叢書》，潘景鄭留下跋語：『知季言所據，以《唐文粹》及《文苑英華》爲主，而副以《吴郡志》、《姑蘇志》、《吴都文粹》諸書，其校語之精整，雖點畫之差微，亦加以註明，足徵勞校之精詣爲不可及也。』〔二四〕上述跋語雖然是就勞格校本之評説，但所謂的『足徵勞校之精詣爲不可及也』，應該是針對勞權、勞格批校本而言的。

黄永年在論及批校本時提到：

先説校本，自清初汲古閣的毛扆開始，以後清中葉的盧文弨、鮑廷博、黄丕烈、顧廣圻、錢泰吉、勞權、勞格，清末民國初的繆荃孫，可算是大名家。……勞權、勞格兄弟則不僅據舊本校，還能利用其他古籍、其他資料來校本書，學問的氣息也極濃厚，世有『勞校』之稱。〔二五〕

冀淑英對勞權批校本也頗爲欣賞：

古籍善本書中，抄本書勞校是相當有名的，勞校就是勞權和勞格兄弟兩個的校，勞權是哥哥，勞格是弟弟，他們的一個特點是毛筆字寫的都特别小，蠅頭小楷，工整至極。所以勞校的書在清代後期的抄校本書裏很有名氣。〔二六〕

魏隱儒、王金雨認爲：

清代校勘學者很多，著名的如何焯（字義門）、查慎行（號初白）、勞權（字平甫），勞格（字季言）、吴焯（字尺鳧）、鮑廷博（字以文）、顧廣圻（字千里）、黄丕烈（字蕘圃）、吴騫（字槎客，號兔牀）等。〔二七〕

陳先行對勞權、勞格批校本評價甚高，他説：

在鑒定版本的實踐中，我們認爲對何焯、盧文弨、陳鱣、顧廣圻、黄丕烈、鮑廷博、吴騫、勞權、勞格等名家尤應重視，因爲他們無論學問還是藏書與校勘都極具影響，很有價值。〔二八〕

早在一九八七年，陳先行就明確表示：

勞氏兄弟乃道光、咸豐間著名藏書家、校勘學家，繆荃孫在《書目答問·國朝著述諸家姓名略》

中未列勞氏兄弟名氏，未悉何因。然治目録、版本、校勘之學者，若經眼其校本，流覽其著述，無不爲其校勘成就所折服。〔二九〕

後來他再次特别强調：『勞氏兄弟是道光咸豐間著名校勘家，繆荃孫在《書目答問》中未列他們名氏，是一個疏漏。』〔三〇〕

郭立暄曾將上海圖書館列爲一、二級品的鈔校稿本名家分别鈔録下來，按大致生年先後排列，可歸入一級品的名家如下：吴寬、祝允明、唐寅、錢穀、趙宧光、徐熥、徐嫩、錢謙益、馮舒、毛晉、黄宗羲、朱彝尊、查慎行、惠士奇、惠棟、王鳴盛、錢大昕、王念孫、張惠言、嚴可均、黄丕烈、顧廣圻、勞權、勞格。而毛奇齡、錢曾、何焯、吴焯、盧文弨、鮑廷博、桂馥、翁方綱、吴騫、段玉裁、洪亮吉、章學誠、陳鱣、孫星衍、焦循、阮元、王引之等一流學者，則被列爲歸入二級品的名家。〔三一〕

雖然筆者並不完全認同上述一級品、二級品之區分，尤其是對何焯、盧文弨、鮑廷博被列爲可歸入二級品的名家，不敢苟同，但也由此足見勞權批校本地位之高。

現存勞權批校本尚有不少，僅就上海圖書館所藏小學類典籍而言，即有清康熙四十五年（一七〇六）刻本《集韻》十卷（同時有清代袁廷檮校）、清乾隆五十一年（一七八六）刻本《一切經音義》二十五卷（同時有清代桂馥校、錢坫校、莊炘校、勞格校、孫星衍校）。

臺北所藏的清嘉慶二十五年（一八二〇）勞經原刻本《爾雅匡名》二十卷，『文旁有朱墨筆圈點，書眉、文旁、浮簽多處經勞權朱墨筆校註』〔三二〕，與浙江大學圖書館藏《重校方言》有些類似。不過，相對於上文中韋力提及的毛鈔、顧批、黃跋，前人對勞校的關注和研究還不够多，今後尚有很大的發掘空間。

在中國國家版本館杭州分館的『浙江歷史文化名人展』之藏書家系列群體展陳中，按生年先後依次懸掛有范蔚、周密、陳振孫、范欽、項元汴、胡應麟、祁承㸁、高濂、豐坊、盧文弨、孫宗濂、汪憲、吴騫、陳鱣、孫衣言、朱學勤、蔣光焴、丁丙、陸心源、徐樹蘭、曹溶、劉承幹、吴焯、蔣汝藻、張壽鏞等二十五人的大幅畫像，〔三三〕並無勞權、勞格兄弟，實乃一大遺憾！筆者認爲今後應該將其補上。

顧志興的《浙江藏書史》在第五章第二節之一《杭州府主要私人藏書家》中，專門列有一篇《勞權、勞格丹鉛精舍藏書》〔三四〕，共計約三千字，其篇幅超過上述二十五位藏書名家中的多人。就浙江大學圖書館藏本而言，《重校方言》之作者盧文弨和該書之批校者勞權同爲一代校勘大家。（清）莫友芝撰、傅增湘訂補的《藏園訂補郘亭知見傳本書目》〔三五〕即大量引用盧文弨和勞權的校勘成果。

在現存的一些善本中，既有盧文弨校，也有勞權校。例如，上海圖書館所藏的清乾隆浙江刻《武英殿聚珍版書》本《浩然齋雅談》三卷，同時有盧文弨校和勞權校。國家圖書館所藏的清道光十四年（一八三四）吴若準刻本《洛陽伽藍記》五卷《集證》一卷，有勞權録盧文弨校。

目前藏於臺北的明嘉靖二十四年（一五四五）藍格鈔本《鬼谷子》三卷，有盧文弨、嚴元照、勞權、徐鯤校，同時嚴元照、勞權、徐鯤均有跋。[三六] 勞權跋云：

此先友歸安嚴修能先生手校，復經盧學士暨徐北溟先生重校，北溟補校甚爲精審，學士所校尚有遺漏，惜江都秦氏於嘉慶乙丑重梓此書，但據學士校本耳。秦氏初用藏本校刊，在乾隆己酉，即嚴跋所云新刻本也。咸豐丁巳六月校秦本一過，并識數語，以諗讀此書者。丹鉛生仁和勞權記。[三七]

與上文提及的盧文弨對戴震之態度類似，勞權對盧文弨也是敬重和信任的，『學士所校尚有遺漏』，應該是站在學術評判的立場實事求是地指出的。

《重校方言》本身就是精品，而勞權之朱墨筆批校丹黃齊下，精彩紛呈，錦上添花。勞權的批校遍佈全書天頭地脚以及原文旁邊，既有引用劉台拱、段玉裁、戴震等著名學者之説，又有自己的校勘心得，其中深深地融入了其多年大量、仔細讀書和努力鑽研之後的獨到見解。由此足見浙江大學圖書館藏本之重要價值。

值得注意的是，浙江大學圖書館藏本的朱筆批校中多次提及『影宋本』。筆者綜合考慮各種因素後判斷，此『影宋本』應係浙江湖州陸氏皕宋樓所藏的影宋鈔本《方言》，其據以影鈔之底本是宋慶元六年（一二〇〇）會稽李孟傳潯陽郡齋刻本《輶軒使者絶代語釋別國方言》。該本有時簡稱李刻《方言》，當爲宋代蜀本之覆刻本，乃尚存於世的最早的《方言》之版本，現藏國家圖書館。〔三八〕目前所見的明刻本、鈔本均祖於該本，其間僅有個別文字存在差異。北京圖書館出版社二〇〇二年出版的《中華再造善本·唐宋編·經部》中的《輶軒使者絶代語釋别國方言解》、中華書局二〇一六年出版的《方言》，即以該本爲底本影印。

陸心源《儀顧堂續跋》卷四《影宋鈔方言跋》末尾曰：『戴東原作《方言疏證》，往往以曹毅所藏宋本爲證，與此多同，當即從曹毅所藏宋本出者。』〔三九〕這部影宋鈔本《方言》，隨皕宋楼於清光緒三十四年（一九〇七）爲日人岩崎弥之助所購而東渡扶桑，此後至今一直保存在位於東京都世田谷區的静嘉堂文庫。其具體情況可以參閲日本學者佐藤進的相關研究成果〔四〇〕。

筆者主編的《盧文弨全集》第七册收有《重校方言》整理校點本，已由浙江大學出版社於二〇一七年刊行。而《重校方言》此前從未以單行本的形式影印出版。對於其中勞權之批校，以往的論著更是均未提及和引用。

現在我們將《重校方言》（勞權批校本）影印出版，可以爲相關研究者提供重要參考。我們相信，這對於進一步促進方言學、訓詁學、中國語言學史、清代學術史等方面的研究頗有意義。

需要説明的是，該書原有若干夾頁、浮簽，由於年代久遠，經過多次翻閲、編目、搬遷等，夾頁、浮簽目前所在位置，業已並非當初所在位置。爲了慎重起見，我們將其集中置於全書之末。

另外，因爲該書中勞權之批校採用蠅頭小楷，而且密行細書，所以爲了讓讀者盡可能看清批校之文字，同時充分展示該書原貌，我們將全書彩色影印，並且採用正十六開精裝。這也導致該書之開本與此前『盧校叢編』各子目書所採用的大三十二開精裝不一致，不過這是我們反復權衡利弊後作出的選擇，盼望廣大讀者給予理解。

陳東輝

二〇二三年八月謹誌於浙江大學漢語史研究中心

## 注

〔一〕參見周祖謨：《方言校箋序》，載周祖謨校箋：《方言校箋》卷首，中華書局一九九三年版，第一六頁。

〔二〕（清）盧文弨：《抱經堂文集》卷二十《與丁小雅（杰）進士論校正方言書》，載陳東輝主編：《盧文弨全集》第九册，浙江大學出版社二〇一七年版，第三八九頁。

〔三〕參見（清）馮景：《解春集文鈔》卷八《淮南子洪保》，載陳東輝主編：《抱經堂叢書（外七種）》第十八册，學苑出版社二〇一五年版，第二八三頁。

〔四〕參見（清）段玉裁：《戴東原先生年譜》，載戴震研究會等編纂：《戴震全集》第六册附録一，清華大學出版社一九九九年版，第三三八九頁。

〔五〕參見（清）盧文弨：《抱經堂文集》卷八《新刻大戴禮跋》，載陳東輝主編：《盧文弨全集》第八册，浙江大學出版社二〇一七年版，第一五九頁。

〔六〕參見（清）盧文弨：《抱經堂文集》卷六《戴東原注屈原賦序》，載陳東輝主編：《盧文弨全集》第八册，浙江大學出版社二〇一七年版，第九九頁。

〔七〕參見（清）戴震：《再與盧侍講書》，載陳東輝主編：《盧文弨全集》第十五册附録二《有關書信詩歌》，浙江大學出版社二〇一七年版，第一二六—一二七頁。

〔八〕（清）盧文弨：《抱經堂文集》卷二十《與丁小雅（杰）進士論校正方言書》，載陳東輝主編：《盧文弨全集》

第九册，浙江大學出版社二〇一七年版，第三八九頁。

〔九〕北京圖書館善本組輯録：《觀堂題跋選録（經史部分）》，載北京圖書館《文獻》叢刊編輯部編：《文獻》第九輯，書目文獻出版社一九八一年版，第二一一頁。

〔一〇〕《方言校正》即《重校方言》。

〔一一〕參見孫欽善：《中國古文獻學史》，中華書局二〇一五年版，第一〇七八—一〇七九頁。

〔一二〕華學誠：《〈方言〉及其注本三論》，巴蜀書社二〇一八年版，第一八六頁。

〔一三〕華學誠：《〈方言〉及其注本三論》，巴蜀書社二〇一八年版，第一九二頁。

〔一四〕華學誠：《〈方言〉及其注本三論》，巴蜀書社二〇一八年版，第二〇一頁。

〔一五〕中華書局二〇〇六年版。

〔一六〕參見華學誠：《〈方言〉及其注本三論》，巴蜀書社二〇一八年版，第一八六—二〇一頁。

〔一七〕參見顧志興：《運河文化名鎮塘棲》，杭州出版社二〇一五年版，第一一五頁。

〔一八〕分别指毛氏汲古閣鈔本、勞權和勞格兄弟校本、顧千里批本、黄丕烈題跋本。

〔一九〕韋力：《失書記·得書記》，廣西師範大學出版社二〇一五年版，第二二三頁。

〔二〇〕《收藏與投資》二〇一八年第三、四期合刊。

〔二一〕轉引自崔瑞萍：《〈文禄堂訪書記〉糾謬——以勞氏兄弟校跋本爲例》，《圖書館雜誌》二〇一一年第四期，第八四頁。

〔二二〕莫伯驥：《五十萬卷樓藏書目録初編》卷十八，中華書局二〇一六年版，第八九一頁。

〔二三〕潘景鄭：《著硯樓讀書記》，遼寧教育出版社二〇〇二年版，第一四二頁。

〔二四〕潘景鄭：《著硯樓讀書記》，遼寧教育出版社二〇〇二年版，第四五三頁。

〔二五〕黄永年：《古籍版本學》，江蘇教育出版社二〇〇九年版，第二一一頁。

〔二六〕冀淑英：《百川歸海 蔚爲大觀》，載冀淑英：《冀淑英文集》，北京圖書館出版社二〇〇四年版，第三八五頁。

〔二七〕魏隱儒、王金雨編著：《古籍版本鑒定叢談》，印刷工業出版社一九八四年版，第五七頁。

〔二八〕陳先行：《陳先行講古籍版本鑒定》，上海科學技術文獻出版社二〇二三年版，第一八六頁。

〔二九〕陳先行：《檢書札記》，載上海圖書館編輯：《總結·開拓·前進：建館三十五周年紀念文集》，上海圖書館一九八七年編印，第一九九頁。

〔三〇〕陳先行：《打開金匱石室之門：古籍善本》，上海文藝出版社二〇〇三年版，第二七二頁。

〔三一〕參見郭立暄：《上海圖書館二級藏品中的稿抄校本》，載程煥文、沈津、王蕾主編：《二〇一四年中文古籍整理與版本目録學國際學術研討會論文集》，廣西師範大學出版社二〇一五年版，第六八一—六八二頁。

〔三二〕臺北『國家圖書館』特藏組編：《『國家圖書館』善本書志初稿·經部》，臺北『國家圖書館』一九九六年版，第二三三頁。

〔三三〕另有朱彝尊、俞樾、孫詒讓等，因爲已經出現在單列的浙江歷史文化名人之中，所以不再收入以群體展陳方式呈現的藏書家系列之中。

〔三四〕參見顧志興：《浙江藏書史》，杭州出版社二〇〇六年版，第三四六—三五〇頁。

〔三五〕中華書局二〇〇九年版。

〔三六〕參見傅增湘：《藏園群書經眼録》，中華書局二〇〇九年版，第五五二頁；臺北『國家圖書館』特藏組編：《『國家圖書館』善本書志初稿・子部（二）》，臺北『國家圖書館』一九九八年版，第七三—七四頁。

〔三七〕陳東輝主編：《盧文弨全集》第十五册附録二《盧文弨鈔校題跋本目録》，浙江大學出版社二〇一七年版，第四三八頁。

〔三八〕參見李致忠：《宋版書叙録》，書目文獻出版社一九九四年版，第二五九—二六五頁；李致忠：《輶軒使者絶代語釋别國方言十三卷（提要）》，載中華再造善本工程編纂出版委員會編著：《中華再造善本總目提要》，國家圖書館出版社二〇一三年版，第一一七—一一九頁。

〔三九〕（清）陸心源：《儀顧堂續跋》卷四《影宋鈔方言跋》，載陳東輝主編：《陸心源全集》第四七册，國家圖書館出版社二〇二〇年版，第一九四頁。

〔四〇〕參見［日］佐藤進：《揚雄「方言」の宋刊本とその影印・抄寫・翻刻》，載［日］佐藤進編：《宋刊方言四種影印集成》（日本《平成九—十一年度科學研究費基盤（A）研究成果報告書》第二分册）卷首，一九九八年三月；收入華學誠匯證：《揚雄方言校釋匯證》附録七《歷代方言及郭注研究文選》之一《序跋稽考之屬》，中華書局二〇〇六年版，第一一九六—一二一六頁。

# 目録

1/233

[illegible]補[illegible]數篇[illegible]校[illegible]

集韻[illegible]校過

數篇缺七中廿二兩[illegible]補[illegible] [illegible]

御覽[illegible]盧氏刊[illegible]趙[illegible]校[illegible]刻本未对

[illegible]方言

方言

[illegible]

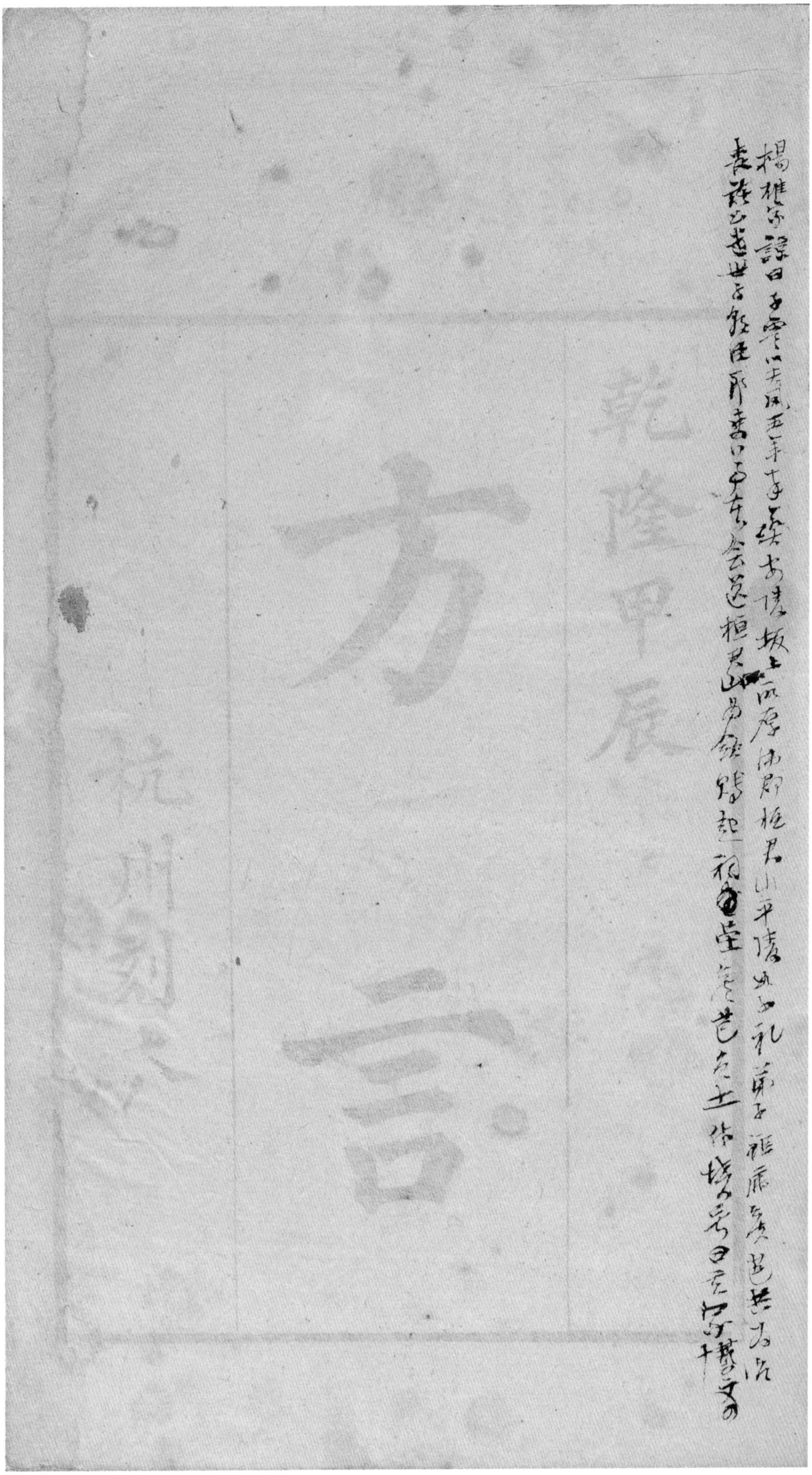
乾隆甲辰
方言
杭州刻

亦有未採者 凡書不加名氏者係丁校爲論證所已採擇入本也其著丁云者爲論證所無 云校則加名別 學士刊本書参采存丁校 未說加按

# 重校方言序

方言至今日而始有善本則吾友休寧戴太史東原氏之爲也義難通而有可通者通之有可證明者臚而列之正譌字二百八十一補脫字二十七刪衍字十七自宋以來諸刻洵無出其右者乾隆庚子余至京師得交歸安丁孝廉小雅氏始受其本讀之小雅於此書采獲裨益之功最多戴氏猶有不能盡載者因出其鈔集衆家校本凡三四細書密札戢孴行間或取名刺餘紙反覆書之其巳聯綴者如百納衣其散庋書內者紛紛如落葉勤亦至矣以余爲尚能讀

此書也悉舉以畀余余因以考戴氏之書覺其當增
正者尚有也劉歆求方言入錄子雲不與故藝文志
無之乃班氏於雄本傳舉其所著書亦闕方言世不
能無疑考常璩華陽國志載雄書凡太𤣥法言訓纂
州箴反離騷皆與傳同而不及四賦乃云典莫正於
爾雅作方言此最爲明證應劭而下稱引日益多而
是書遂大著其卷數則歆書中云十五卷郭景純序
亦云三五之篇隋唐以下志皆云十三卷并合與遺
脫不可知然定在郭注之後宋志又云十四卷當因
劉歆書與雄荅書向附在簡末者亦別爲卷而并數

之也雄識古文奇字嘗作訓纂篇今不傳趙宋時書學生亦令習方言則方言中字其傳授必有自如家齗恭脊傍譽之類凡舊所傳本皆然考之漢隸亦有證據正不必執說文之體以盡易之又其中有錯簡兩條亦尚有字當在上條之末而誤置下條之首及不當連而連者有過信他書輒改本文者注及音義又有遺者誤改者余以管見合之丁君校本復改正百廿有餘條具著其說可覆案也郭氏注爾雅三卷又有音義一卷則知此書之音亦必不與注相雜廁後人取便讀者遂併合之以郭音古雅難曉又附益

段云李音注大誤□劉同
唯入蛤多一條甚是　段說見此
條不備錄

段云出於子止是也

以近人所音如通志載有吳良輔方言釋音一卷此書當有捃摭及之者余欲使注自爲注仿劉昭注補續漢志之例進郭注爲大字而音則仍爲小字雖未必卽還景純之舊觀然要使有辨焉爾至集各家說及文弨之說上又加圓圍以隔之戴書已行世故唯錄其切要者舊本又有云字一作某者疑出於鼂公武子止氏案鼂讀書志云予傳方言本於蜀中後用國子監刊行本校之多所是正其疑者兩著之据斯言則知爲鼂氏所加無疑也予嘉丁君之績而惜其不登館閣書成不得載名於簡末世無知焉又其所

戴云郭注方言之例百四

緝綜者紛綸參錯不易整比久久將就散失不愈可惜乎故以餘閒爲成就之如此丁君名杰今已成進士待學博士闕於杭州其學實不在戴太史下云

乾隆四十有七年五月朔杭東里人盧文弨書於山右三立書院之須友堂

方言　序　三

方言

序

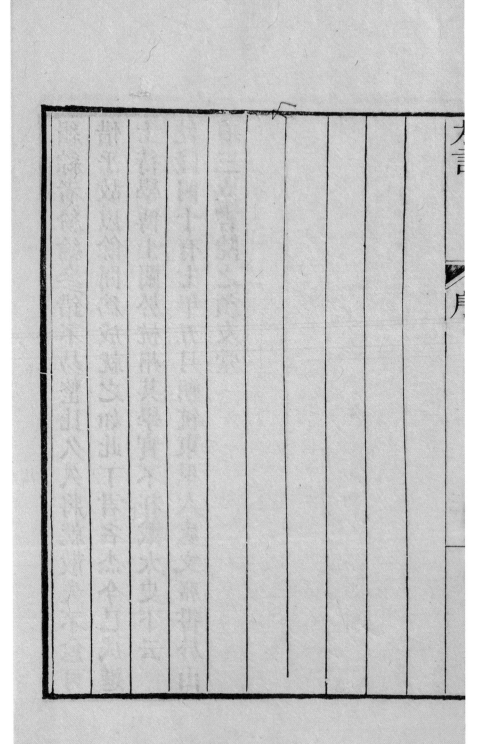

影宋本八行十七字注同

# 方言序

郭璞 下空五格

蓋聞方言之作出乎輶軒之使所以巡遊萬國采覽異言車軌之所交人迹之所蹈靡不畢載以爲奏籍周秦之季其業隳廢莫有存者暨乎揚生沈淡其志歷載構綴乃就斯文是以三五之篇著而獨鑒之功顯故可不出戶庭而坐照四表不勞疇咨而物來能名考九服之逸言標六代之絕語類離詞之指韻明乖途而同致辨章風謠而區分曲通萬殊而不雜眞洽見之奇書不刊之碩記也余少玩雅訓旁味方言

段云瞻本作贍似長



復爲之解觸事廣之演其未及摘其謬漏庶以燕石之瑜補琬琰之瑕俾後之瞻涉者可以廣箱多聞爾

此即李孟傳本卷末有正德己巳夏五得曹毅之宋本手影一行又有丙辰九月在之補鈔一行盧未見原本僅據戴校故誤仞爲兩本

# 方言讎校所据新舊本并校人姓名

宋曹毅之本 明正德己巳影鈔

明永樂大典本 此與曹本竝戴本所据

明正德丁卯華珵本 但見影鈔者

明新安吳琯本

明新安程榮本

明武林何允中本

明錢唐胡文煥本

明鄭樸編子雲集本

明天啓丁卯虎林郎奎金本

明海寧陳與郊類聚本
曲阜新刻新安戴震東原校本名疏證
曲阜孔繼涵體生校
餘姚邵晉涵二雲校
元和余蕭客仲林校
長洲汪潛又陶校
嘉定錢大昭晦之校据廣雅
寶應劉台拱端臨校以二正德本校胡本
歸安丁杰升衢合衆家本校
餘姚盧文弨紹弓覆校授梓

今校於每條上方蓋戴所失校

宋李孟傳刻本梓粗竣始得見此本有不及載者補遺具之

仁和孫志祖詒穀校

仁和沈景熊朗仲校

新安鮑廷博以文校三君皆梓成後覆校

方言　校目

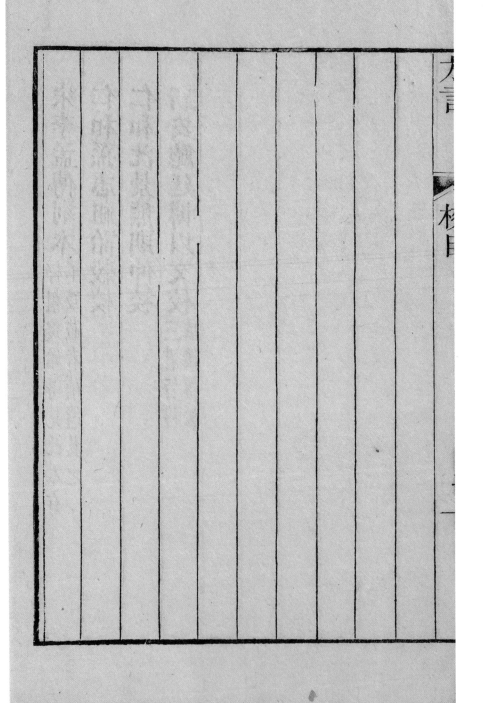

一切廿一廿引作齊魯之間謂知為哲
引作宋剻字 五六引作宋下作訟智為哲
原本音或在文當字下或在注
原本音在注末 原本作言
謾詑音詑大和反謾莫錢
又亡山反
後人因謾詑相連乃加音
字亦改下字人多別何也
句中忽有音字乎
劉云集韻刪仙皆收謾字當
並存為是

# 輶軒使者絕代語釋別國方言第一

漢 揚雄 紀

晉 郭璞 注

黨曉哲知也●知音智廣雅作古文智楚謂之黨注黨朗也解寤皃或曰曉齊宋之閒謂之哲

虔儇音翾慧也注謂慧了秦謂之謾注言謾詑謾莫錢反又亾山反詑音大和反○案卷十二內謾亦音莫錢反是舊讀如此非傳寫之誤本或刪去前一音非也今人音莫半反詑舊作訑訑皆俗字舊先音詑後音謾亦誤到今皆改正晉謂之㦟音悝或莫佳反○今以小兒慧者曰乖當即㦟之轉音宋楚之閒謂之倢○廣雅作捷同注言便使也楚或謂之譇他和反注亦今通語自關而東趙

方言 卷一 一 抱經堂校定本

魏之閒謂之黠或謂之鬼【注】言鬼脈也○謂黠爲鬼今吳越語尙然脈舊作眎誤黠鬼脈亦見卷十注

娥㜲音盈○說文嬴从女嬴省聲文弨案嬴力爲反與盈聲殊不近凡籯蠃瀛攍等字未有從嬴者嬴字說文所無廣韻以嬴爲秦姓㜲爲美好皃知方言之作㜲其來已久廣雅作嬴從女嬴不省他書却未見今故從衆家本仍作㜲好也秦曰娥【注】言娥娥也宋魏之閒謂之㜲【注】言㜲㜲也秦晉之閒凡好而輕者謂之娥

自關而東河濟之閒謂之媌莫交反【注】今關西人亦呼好爲媌或謂之姣音狡【注】言姣潔也趙魏燕代之閒曰姝昌朱反又音株○案舊脫又字戴本補【注】亦四方通語或曰妦音蜂【注】言妦容也自關而西秦晉之故都曰妍五千反妍一作忓【注】

秦舊都今扶風雍丘也晉舊都今太原晉陽縣也其俗通呼好爲姸好其通語也

烈枿五割反餘也注謂遺餘也●遺舊誤烈今從卷二注改陳鄭之閒曰枿晉衛之閒曰烈●爾雅釋詁郭注晉衛之閒曰櫱陳鄭之閒曰烈疏云方言文與此互異櫱即枿也秦晉之閒曰肄音謚○案肄字從宋刻即肄字也襄廿九年左氏傳作肄肄餘音以自反讀以世反者誤注傳曰夏肄是屏或曰烈

台音怡胎陶鞠養也注台猶頤也晉衛燕魏曰台陳楚韓鄭之閒曰鞠秦或曰陶汝潁梁宋之閒曰胎或曰艾注爾雅云艾養也

憮亡輔反俺音淹憐牟愛也韓鄭曰憮晉衛曰俺注俺憸

多意氣也汝潁之閒曰憐宋魯之閒曰牟或曰憐憐通語也●爾雅釋詁憮作煤疏引此文或曰憐之上有秦字係誤衍楊倞注荀子榮辱篇引此文牟作悴古通用悛音陵憮矜●廣雅矜作齡古通用悼憐哀也【注】悛亦憐耳齊魯之閒曰矜陳楚之閒曰悼趙魏燕代之閒曰悛自楚之北郊曰憮秦晉之閒或曰矜或曰悼

咺香遠反晞虛几反怮音的一音灼怛痛也凡哀泣而不止曰咺哀而不泣曰唏於方則楚言哀曰唏燕之外鄙【注】鄙邊邑名朝鮮洌水之閒洌音烈【注】朝鮮今樂浪郡是也洌水在遼東○樂浪音洛郎少兒泣而不止曰咺【注】少兒

猶言小兒自關而西秦晉之閒凡大人少兒泣而不止謂之嘵上尚反○案今猶有此語哭極音絶亦謂之嘵平原謂啼極無聲謂之嘵喨注今關西語亦然喨音亮楚謂之噭咷叫逃兩音字或作咨音求齊宋之閒謂之喑音蔭或謂之惄奴歷反●案廣雅欷嘵嘵悲也欷郎啼嘵郎喨

悼惄悴愁魚客反○客舊作衮俗字傷也注詩曰不愁遺一老亦恨傷之言也自關而東汝潁陳楚之閒通語也○丁云此句首似少一傷字汝謂之惄秦謂之悼宋謂之悴楚潁之閒謂之愁

慎濟瘠作念反惄濕桓憂也注瘠者憂而不動也○濟者憂

方言　卷一　三　抱經堂校定本

段意氵作溼則可佗合反乃非

案今之惄思也詩惄如調飢 叔文…詩作愵

方言 卷一

其不濟也古人語每有相反者宋衞或謂之慎或曰䁝陳楚或曰濕或曰濟自關而西秦晉之閒或曰惄或曰濕自關而西秦晉之閒凡志而不得欲而不獲高而有墜得而中亾謂之濕注濕者失意潛沮之名沮一作阻●濕舊皆作溼案楊倞注荀子脩身篇不苟篇引方言皆作濕優也今据此作濕字當讀爲佗合反今吳越語猶然憂優古或通用楊注有墜誤作行墜得而中亾作行而中止或又李善注陸機詩引方言愵憂也今諸本皆作惄謂之惄

𢤱悠懷惄惟慮願念靖慎思也晉宋衞魯之閒謂之𢤱悠注𢤱悠猶𢤱陶也惟凡思也慮謀思也願欲思也念常思也東齊海岱之閒曰靖注岱太山秦晉或

宋本亦有六同此據正 由本

段云鵰鵂當作鵅鵰剝同

注鵂字影宋本止存鳥旁

案介文疏引作介

案之疏引無之字

曰愼凡思之貌亦曰愼注謂感思者之容或曰惄

敦豐厖鴟鵂○音鴟鵂此省音字下皆放此觀史漢注中傳音亭傳儋音儋荷亦不作音亭傳之傳音儋荷之儋也鵂讀如蟒一音庬夰音介憮海狐反般般桓嘏音賈奕戎京奘在朗反將大也●爾雅釋詁夰作介奘作壯幠舊本作憮誤今依爾雅改正凡物之大貌曰豐句厖句深之大也東齊海岱之閒曰夰或曰憮宋魯陳衛之閒謂之嘏或曰戎秦晉之閒凡物壯大謂之嘏或曰夏秦晉之閒凡人之大謂之奘或謂之壯燕之北鄙齊楚之郊或曰京或曰將皆古今語也注語聲轉耳初別國不相往來之言也今或同而舊書雅記故俗語不失其方注皆本其言之所出

[illegible]

方言　卷一　四　抱經堂校定本

尔疋詁疏引作謂作釋詁猶言是也

劉云河間獻王傳云獻王所得書皆古文先秦舊書 何云不類漢人語 且書雅記故城何謂耶 丁云皆先秦載籍 雅爲常亦非當以四書尺記四字爲句尺記正記也

說文注云徦是也 劉云今韻引作徦 案亦之疏引作假下曰徦同 此條全引 兼亂言字上引格至也

尔疋詁疏引無或字下句作宋曰屆 注同 疏又引與今本亦言同漢故



也雅尔雅也○尒舊本作小誤而後人不知故爲之作釋也 注 釋詁釋言之屬○戴云此自明作書之意謂舊書常記故俗之語本不失其方而後人不知故爲作方言以釋之郭注皆誤丁云漢書敘傳亟雅故通古今故如詩魯故韓故之故與詁同雅當如郭氏解若以雅爲常下節古雅訓古常尤不成辭且舊書二字亦不類漢人句法文弨案丁說是也書雅當連文記謂記載故謂訓故俗語鄉俗之語爲之作釋乃自明作此書之意此則不當如郭氏所云耳

假音駕○本亦音格洛古格字懷摧詹戾艐古屆字至也邠唐冀兖之間曰假或曰洛 注 邠今在始平漆縣唐今在太原晉陽縣齊楚之會郊 注 兩境之間或曰懷摧詹戾楚語也○ 注 詩曰先祖于摧六日不詹魯侯戾止之謂

也此亦方國之語不專在楚也襄宋語也皆古雅之別語也注雅謂風雅今則或同

嫁逝徂適往也自家而出謂之嫁由女而出爲嫁也●列子天瑞篇子列子居鄭圃將嫁於衛謂自家而出也由與猶同郭注爾雅釋詁引此文猶女出爲嫁然則而字當爲衍文逝秦晉語也徂齊語也適宋魯語也往凡語也●徂說文作退

謾台蠻怡二音脅鬩呼隔反懼也燕代之閒曰謾台齊楚之閒曰脅鬩宋衛之閒凡怒而噎噫注噎噫謂憂也噫央媎反謂之脅鬩注脅鬩猶鬩沭也●脅鬩亦作愶憪憪又作潣注潣沭見卷十舊作潣穀誤

南楚江湘之閒謂之嘽咺注湘水名今在零

方言　卷一　五　抱經堂校定本

左昭廿八年傳引作惏

王云也字後人所加蓋亟又音欺詐欺二字非釋其義乃釋其音猶言音詐欺之欺耳書引字仲虺先亟莽佚殺之亟去吏切引方言云云與王合

方言 卷一

陵咺香遠反○嘽咺廣雅作嬋咺嘽嬋古通用曹憲音咺火袁反

虔劉慘綝殺也注今關西人呼打爲綝音廩或洛感反秦晉宋衛之間謂殺曰劉晉之北鄙亦曰劉秦晉之北鄙燕之北郊翟縣之郊謂賊爲虔注今上黨潞縣即古翟國晉魏河内之北謂綝曰殘楚謂之貪南楚江湘之間謂之歁注言歁綝難猒也●綝即惏字左氏僖廿四年傳狄固貪惏釋文及正義並引方言殺人而取其財曰惏今無此語歁俗本誤作欺宋本不誤廣雅歁婪貪也曹憲音歁洛感反

亟憐憮㥄愛也東齊海岱之間曰亟歁革反●舊本作詐欺也誤案亟廣雅作極曹憲音歁革九力二反今據改正自關而西秦晉之間凡相敬

愛謂之亟陳楚江淮之閒曰憐宋衛邠陶之閒曰憮或曰㤅注陶唐晉都處

眉黎耋○耋之省文猶耄亦作耄鮐老也東齊曰眉注言秀眉也燕代之北鄙曰黎注言面色似凍黎宋衛兗豫之內曰耋注八十爲耋音絰○案耋今竝讀田節反易大耋京氏作絰是古亦有絰音秦晉之郊陳兗之會曰耇鮐注耇音垢言背皮如鮐魚

脩駿融繹尋延長也陳楚之閒曰脩海岱大野之閒曰尋注大野今高平鉅野宋衛荆吳之閒曰融自關而西秦晉梁益之閒凡物長謂之尋周官之法度廣爲尋注度謂絹帛横廣幅廣爲充注爾雅曰繿廣充

幅延永長也凡施於年者謂之延施於衆長謂之永

注 各隨事爲義。文選於阮籍詠懷詩獨有延年術引方言延長也於嵇康養生論又引作延年長也蓋鄉檃括施於年者謂之延意爾雅疏引方言遂作延年長也不出永字則下文永字何所承乎若上文作延年長也下文只當云永衆長也亦可矣何必更加分疏或遂据爾雅疏改此文誤甚案書惟以永年降年有永有不永永未嘗不可施於年也

允訦音諶恂音荀展諒音亮穆信也齊魯之閒曰允燕代東齊曰訦宋衞汝潁之閒曰恂荆吳淮汭之閒曰展 注 汭水口也音芮西甌音嘔毒屋黃石野之閒曰穆 注 西甌駱越別種也其餘皆未詳所在衆信曰諒周南召南衞之語也。爾雅釋詁訦作諶恂作詢諒作亮音義皆同彼注引此代作岱汭作洇誤

碩沈巨濯訏敦夏于大也注訏亦作芓音義同耳香于反齊宋之間曰巨曰碩凡物盛多謂之寇注今江東有小鳧其多無數俗謂之寇鳧齊宋之郊楚魏之際曰夥音禍自關而西秦晉之間凡人語而過謂之過于果反或曰僉東齊謂之劍或謂之弩弩猶怒也陳鄭之間曰敦荆吳揚甌之郊曰濯中齊西楚之間曰訏注西楚謂今汝南彭城自關而西秦晉之間凡物之壯大者而愛偉之謂之夏周鄭之間謂之䞣音洛含賈郴反齊語也于通語也○案陳鄭之間曰敦至末當接前曰巨曰碩之下為一條中間凡物盛多謂之寇至弩猶怒也當提出別為一條舊本皆誤䞣舊誤作暇今從宋本改正爾雅釋詁作假亦訓

爲大郴音洛含反則當與惏同

抵觸觝傚音致會也雍梁之閒曰抵秦晉亦曰抵凡會物謂之傚●抵舊本作牴誤今据廣雅改觸牴乃抵字之音俗本誤衍也字今從宋本刪

華荂音誇晠也注荂亦華別名齊楚之閒或謂之華或謂之荂○嗚案正文兩華字當作䔢說文榮也戶瓜切注華字當作𠌶說文艸木𠌶也況于切或从艸从夸今經傳䔢𠌶通作華

墳地大也青幽之閒凡土而高且大者謂之墳注郎大陵也

張小使大謂之廓陳楚之閒謂之摸音莫●俗本多从木作模今依宋本

嬛蟬火全反䌈音剡撚諾典反未續也楚曰嬛○絕句蟬出也

【注】別異義楚曰蟬或曰未及也●案未續則欲續之也未及則欲及之也廣雅乃以未亦訓續誤

踏古蹋字他匣反䠷逍遙蹳音拂跳也楚曰蹠勑厲反【注】亦中州語

陳鄭之閒曰䠷楚曰蹠自關而西秦晉之閒曰跳或曰踏○案蹋本或作塌又作榻皆誤

躡郅音質跂音企狢【注】狢亦訓來○案狢來也見下卷躋濟渡○案當音躋攀爾雅釋詁釋文躋子兮反說文祖雞切皆無濟音踚踊躍登也自關而西秦晉

之閒曰躡東齊海岱之閒謂之躋魯衛曰郅梁益之

閒曰狢或曰跂

方言 卷一

逢逆迎也自關而東曰逆自關而西或曰迎或曰逢

㨖(常含反)㩋(音蹇)摭(盜蹠)挻(羊羶反)取也南楚曰㩋陳宋之閒曰摭衞魯揚徐荆衡之郊曰㨖 注 衡衡山南岳名今在長沙自關而西秦晉之閒凡取物而逆謂之篡楚部或謂之挻(文)●案㩋亦音搴與攓搴同摭亦作拓說文拓拾也陳宋語篡舊本誤作簒又有音饌二字乃後人隨字爲音失之不審今据爾雅釋詁篡取也說文屰而奪取曰篡漢書衞青傳公孫敖與壯士往篡之師古曰逆取曰篡今定作篡字篡音初患反不當音饌故并刪去之今杭人猶有此語音近撮蕞卽篡聲之轉

餥(音非)飵(音昨)食也陳楚之內相謁而食麥饘(音旃)謂之餥 注 饘糜也楚曰飵凡陳楚之郊南楚之外相謁而餐

注晝飯爲餐謂請也舊本餐作飧誤案廣雅作飧與餐音義同或曰飵或曰䬯音黏秦晉之際河陰之間曰𩟗惡恨反𩞄五恨反注今馮翊郃陽河東龍門是其處也案晉志河東郡無龍門縣漏也使無龍門縣亦當載龍門山何幷遺之說者疑龍門縣魏太武置考隋志龍門縣下云魏置龍門郡是於縣置郡治不可以魏置爲句又考魏書地形志龍門縣屬北鄉郡無注益知非魏始置郭本河東人不容有誤此秦語也注今關西人呼食欲飽爲𩟗𩞄

釗居遼反薄勉也注相勸勉也秦晉曰釗或曰薄故其鄙語曰薄努猶勉努也注如今人言努力也南楚之外曰薄努自關而東周鄭之間曰勔釗沈湎齊魯曰勖茲注勖勔亦訓勉也

方言　卷一

輶軒使者絕代語釋別國方言第一

# 輶軒使者絶代語釋別國方言第二

釥錯眇反○即今所謂俏也廣韻俏醋好貌嫽洛夭反好也青徐海岱之間曰釥或謂之嫽注今通呼小姣潔喜好者爲嫽釥好凡通語也

朦忙紅反厖鴟鴞豐也○說郛本豐下有大字自關而西秦晉之間凡大貌謂之朦或謂之厖豐其通語也趙魏之郊燕之北鄙凡大人謂之豐人燕記曰○一本燕記上有故字豐人杼首杼首長首也楚謂之仔音序燕謂之杼燕趙之間言圍大謂之豐注謂度圍物也

娃烏佳反嫷諾過反窕途了反豔美也吳楚衡淮之間曰娃

方言　卷二

南楚之外曰𡢃注言婑𡢃也宋衛晉鄭之間曰豔陳楚周南之間曰窕自關而西秦晉之間凡美色或謂之好或謂之窕故吳有館娃之宫秦有㮚娥之臺注皆戰國時諸侯所立也㮚音七●秦有二字各本脫從宋本補秦晉之間美貌謂之娥注言娥娥也美狀爲窕注言閑都也美色爲豔注言光豔也美心爲窈注言幽靜也

奕僷音葉容也自關而西凡美容謂之奕或謂之僷注奕僷皆輕麗之皃宋衛曰僷陳楚汝潁之間謂之奕

𩔳音縣下作𥌓同耳○說文作𥉞音字鑠舒灼反盱香于反揚𦡔音滕雙也○廣韻𦡔雙也各本作𥈭今從宋本作𦡔又雙各本作隻戴據玉篇廣韻定作雙今從之南楚江淮

之間曰顤或曰䁤好目謂之順注言流澤也黸瞳之子注黸黑也謂之矊注言矊邈也宋衛韓鄭之間曰鑠注言光明也燕代朝鮮洌水之間曰盱注謂舉眼也或謂之揚注詩曰美目揚兮是也此本論雙耦因廣其訓復言目耳

嫢羌箠反●嫢舊本誤作䰟今據廣雅改正說文嫢媞也與徥音訓亦相近笙揫音遒摻素檻反細也自關而西秦晉之間凡細而有容謂之嫢注嫢嫢小成皃或曰徥度指反注言徥偕也○度指反舊作度皆反今從卷六內音改正注徥偕各本作徥偕今從宋本案說文徥徥行也是支切援以互証可也必以彼易此竊所未安凡細皃謂之笙斂物而細謂之揫或曰摻

⿰亻褱【注】言瓌瑋也。渾孤本反【注】們渾，肥滿也。膞匹四反【注】膞咽，充壯也。膿音壤僇恪膠反泡音庖盛也。⿰亻褱自關而西秦晉之間語也。陳宋之間曰僇【注】僇侔，龐大皃。江淮之間曰泡【注】泡肥，洪張皃。秦晉或曰膿，梁益之間凡人言盛及其所愛偉其肥⿰月成謂之膿【注】肥膿多肉。●自關而西上舊本脫⿰亻褱字，戴本增之，是也。偉上各本有曰字，偉作諱，宋本作偉。案文選鄒陽書有壞子，李善注引方言瑋其肥盛，晉灼注漢書以瑋爲諱。今考說文亦作諱字，諱其肥盛，今俗閒於小兒猶然，似亦不爲無理，唯曰字爲衍無疑耳。今江淮人謂質弱力薄者爲膿，亦語之反也。

私、策、纖、葰銳、稺古稚字、杪莫召反，小也。自關而西秦晉之郊梁益之閒凡物小者謂之私。○各本此下又有小字，今案當爲衍文。

或曰纖繒帛之細者謂之纖東齊言布帛之細者曰綾音淩秦晉曰靡注靡細好也○近校者據李善注長門賦魯靈光殿賦引此注皆作靡靡因謂脫一靡字當補不知善但順賦之成文耳如善注陸機詩奕奕馮生引方言自關而西凡美容謂之奕奕今方言奕字不重此類非一皆不當增凡草生而初達謂之䒠注鋒萌始出稺年小也木細枝謂之杪注言杪梢也江淮陳楚之內謂之蔑注蔑小皃也青齊兗冀之間謂之葼馬鬆○案鬆乃鬉之俗字燕之北鄙朝鮮洌水之間謂之策故傳曰慈母之怒子也雖折葼笞之其惠存焉注言教在其中也

殗於怯反殜音葉微也宋衛之間曰殗自關而西秦晉之

間凡病而不甚曰殗殜 注 病半臥半起也。今轉爲懨懨

臺敵匹一作迮也●舊本匹誤作延今据廣雅改正迮未詳東齊海岱之間曰臺自關而西秦晉之間物力同者謂之臺句敵耦也 注 耦亦匹互見其義耳。案耦也及注舊本俱誤在下條抱娩下今移正注匹字舊本亦作迮

抱娩音赴一作嬔孚萬反。娩俗本作嬎今從宋本下竝同音赴二字舊誤在前耦也注末今案當在娩字下廣韻娩與赴同音兔子曰娩又孚萬切案說文嬔字在女部生子齊均也从女生免聲芳萬切又娩字在兔部兔子也娩疾也从女兔芳萬切案娩字注當本是芳遇切从兔得聲形近誤爲芳萬切玉篇娩下但音孚萬切嬔字云同上是所見已是說文誤本廣韻娩在赴紐下是矣而又出孚萬切一音亦是沿說文誤本故兩岐也方言宋本孚萬反在一作嬔之上亦誤今以音赴爲娩字正音以孚萬反爲嬔

劉云臺敵句

嚴云說文作嬔

讀書脞錄四

李作追

（字正音庶幾得之）荆吳江湖之閒曰抱嬎宋潁之閒或曰嬎

倚（於寄反）踦（郄奇反）奇也（奇耦）自關而西秦晉之閒凡全物而體不具謂之倚梁楚之閒謂之踦雍梁之西郊凡獸（○各本作嘼許救反家畜也今從宋本）支體不具者謂之踦

逴（勑畧反）獡（音鑠）透（式六反）驚也自關而西秦晉之閒凡蹇者或謂之逴【注】行畧逴也體而偏長短亦謂之逴宋衛南楚凡相驚曰獡或曰透【注】皆驚皃也（○相驚曰透今人猶然）

儀佫來也陳潁之閒曰儀自關而東周鄭之郊齊魯之閒曰佫或曰懷（○宋本或字誤在曰佫上今移正各本作或謂佫曰懷戴本作或謂）

影宋本音昵　劉云日是

李与各本同



之格或曰懷亦未得也

𥹳音昵○本亦作䵑說文尼質切各本音日或音刃皆誤䵒音汝黏也齊魯青徐

自關而東或曰𥹳【注】言黏𥹳也或曰䵒

餬音胡託庇庇蔭寓𦨴音孕即媵字●寄也齊魯宋衛陳晉汝潁

荆州江淮之閒曰庇○齊魯宋衛宋本如是各本作齊衛宋魯或曰寓寄

食爲餬【注】傳曰餬寸口於四方是也○案左傳寸作其凡寄

爲託寄物爲𦨴

逞苦了快也自山而東或曰逞楚曰苦【注】苦而爲快

者猶以臭爲香亂爲治徂爲存此訓義之反覆用之

是也○亂爲治各本作治爲亂誤今據爾雅注改又是也疑當作者也秦曰了【注】今

江東人呼使爲愃相緣反

悔惃赧愧也。晉曰悔或曰惃。秦晉之閒凡愧而見上謂之赧注小雅曰面愧曰赧。○案小雅卽小爾雅凡選多如此省文也舊本作面赤愧衍赤字李善注文今小爾雅作面慙曰慙慙與赧古通用梁宋曰惃音匿注惃亦慙皃也

叨託高反㤿洛含反殘也陳楚曰㤿

憑○宋本作慿下同今案皆可通齘舊本誤作齘案齘卽齘字苛怒也楚曰憑注憑恚盛皃楚詞曰康回憑怒小怒曰齘注言噤齘也陳謂之苛注相苛責也

憏音策刺○盧達反廣雅作㓨痛也注𢢜憏小痛也自關而西秦

晉之閒或曰㦗

撟捎矯騷兩音選也注此妙擇積聚者也自關而西秦晉之閒凡取物之上謂之撟捎

㨶呼旱反梗魚鯁爽猛也晉魏之閒曰㨶注傳曰㨶然登埤韓趙之閒曰梗齊晉曰爽

矙音閑睇音梯○各本音悌今從宋本睎略音畧眄也陳楚之閒南楚之外曰睇東齊青徐之閒曰睎吳揚江淮之閒或曰矙或曰略自關而西秦晉之閒曰眄

䭒消息喙口喙呬許四反息也周鄭宋沛之閒曰䭒自關而西秦晉之閒或曰喙或曰䭒東齊曰呬

鋠劈歷摫音規裁也梁益之閒裁木爲器曰鋠裂帛爲衣曰摫鋠又斲也注皆析破之名也晉趙之閒謂之鋠鋠○案疑衍一鋠字

鐫子旋反琢也注謂鏨鐫也●琢舊本作掾誤今据說文鐫琢石也定作琢鏨藏濫反又音鏨晉趙謂之鐫

鍇音楷○舊音皆誤鐕音啓○鐕本作鐕堅也自關而西秦晉之閒曰鍇吳揚江淮之閒曰鐕

揄鋪音敷⿰巾監音藍⿰巾亟帗音拂縷葉褕音臾毳音脆也注皆謂物之扞蔽也荆揚江湖之閒曰揄鋪楚曰⿰巾監⿰巾亟陳宋鄭衛之閒謂之帗縷燕之北郊朝鮮洌水之閒曰葉褕注

鋠摫并字左思蜀都賦謝靈運山居賦皆用之

一切廿三引作燼也

嚴云藎正文燼俗字

一切五廿引遵俊也翳爲翿

一切十三四引据取也奎



今名短度絹爲葉褕也●舊本葉褕作葉輸戴據玉篇改定今從之

孑藎昨吝反餘也注謂遺餘周鄭之間曰藎或曰孑青徐楚之間曰孑自關而西秦晉之間炊薪不盡曰藎●藎與燼同

孑俊也遵俊也注廣異語耳

翿音濤幢徒江反翳也注儛者所以自蔽翳也楚曰翿關西關東皆曰幢

捘畧求也秦晉之間曰捘就室曰捘於道曰畧畧強取也攈古捃字摭盜蹠取也此通語也

茫莫光反矜奄遽也注謂遽矜也吳揚曰茫注今北方通然也陳潁之間曰奄秦晉或曰矜或曰遽

速逞搖扇疾也東齊海岱之閒曰速燕之外鄙朝鮮洌水之閒曰搖扇楚曰逞

予賴讎也南楚之外曰賴注賴亦惡名○戴云蓋讀賴爲厲古通用秦晉曰讎○戴云卷六內誣𧩁與也廣雅作予也是予有相讎之義

恆慨蔘索含反綏羞繹音奕紛毋言既廣又大也荊揚之閒凡言廣大者謂之恆慨東甌之閒謂之蔘綏注東甌亦越地今臨海永寧是也或謂之羞繹紛毋

剿雀潦反又子了反蹶音蹄蹶●案此郭音也郭注爾雅又別爲音義一卷則於此書亦當爾故不以入注下並放此舊本此三字在下或曰蹶之下又音字誤作言此處有音厥二字當爲後人所加今從戴本移正獪也古獪狡字秦晉之閒曰獪楚謂之剿或曰蹶楚

上音作圭邸或訓狡猾右括獪猾也



鄭曰蒍音指撝亦猾聲之轉也猾舊本作或誤今改正●或曰姡注言黠姡也今建平郡人呼狡爲姡胡刮反○案說文姡作婚今從省

輶軒使者絕代語釋別國方言第二

# 輶軒使者絕代語釋別國方言第三

陳楚之閒凡人嘼乳而雙產謂之釐孳音茲●玉篇作孷孖秦晉之閒謂之健子音輦自關而東趙魏之閒謂之孿生蘇官反

女謂之嫁子注言往適人

東齊之閒聓謂之倩注言可借倩也今俗呼女聓為卒便是也卒便一作平便○案聓說文作壻此正字也然漢晉以來即有用聟智聓聓等俗字者此聓字舊本相沿不便遽易又卒便合音郎為倩一作平便此校者之辭作平使者誤

燕齊之閒養馬者謂之娠音振注今之溫厚也官婢女廝謂之娠注女廝婦人給使者亦名娠

楚東海之閒亭父謂之亭公注亭民卒謂之弩父注

方言 卷三

主儋幔弩導幨因名云或謂之褚 注 言衣赤也褚音赭。

案左傳褚師釋文張呂反

臧甬[音勇]侮獲奴婢賤稱也荆淮海岱雜齊之閒 注 俗不純爲雜駡奴曰臧駡婢曰獲齊之北鄙燕之北郊凡民男而聓婢謂之臧女而婦奴謂之獲亾奴謂之臧亾婢謂之獲皆異方駡奴婢之醜稱也自關而東陳魏宋楚之閒保庸謂之甬 注 保言可保信也秦晉之閒駡奴婢曰侮 注 言爲人所輕弄

蔿[音花]譌[訛言]譁[五瓜反皆化聲之轉也]涅化也燕朝鮮洌水之閒曰涅或曰譁雞伏卵而未孚[音赴]始化之時謂之涅

斟◐案斟疑本是斟字之誤說文斟斟盛也子入切廣韻昌汁切引字統云會聚也復古編尺入切會集之也皆與協汁義相近然注又云或曰潘汁似郭所見已作斟然斟縱可爲羹汁若施之協不可通矣協○案舊本作協下竝同說文亦有此字汁也注謂和協也或曰潘汁所未能詳○潘字舊本皆然亦有汁義戴從劉熙釋名改作瀋案正文汁也胡頰反此潘汁之入反郭意蓋不以或說爲然北燕朝鮮洌水之閒曰斟自關而東曰協關西曰汁

蘇芥草也注漢書曰樵蘇而爨蘇猶蘆語轉也○案漢書韓信傳作樵蘇後爨江淮南楚之閒曰蘇自關而西或曰草或曰芥注或言菜也南楚江湘之閒謂之莽嫫母●莽各本誤作芥戴本据餴綜注張衡西京賦定作莽讀如嫫母之母下本無反字增之非也蘇亦荏也注

方言　卷三

荏屬也爾雅曰蘇桂荏也關之東西或謂之蘇或謂之荏周鄭之閒謂之公蕡音翡翠○案蕡有肥臂二音故蕡讀翡翠之翡注今江東人呼荏爲菩音魚○案宋本音吾皆可通沅湘之南或謂之蓄音車注今長沙人呼野蘇爲蓄沅水名在武陵其小者謂之蘸菜注蘸菜也亦蘇之種類因名云

蘴舊音蜂今江東音嵩字作菘也蕘鈴鐃○俗本作鈴鐃今從宋本正德本蕪菁也陳楚之郊謂之蘴魯齊之閒謂之蕘○閒各本作關之郊今從宋本關之東西謂之蕪菁趙魏之郊謂之大芥其小者謂之辛芥或謂之幽芥其紫華者謂之蘆菔羅匐二音注今江東名爲溫菘實如小豆東魯謂之菈遾○洛荅徒合兩反徒合從宋本

疑云坤之行作鵙鳥 往作博是
剢同

剌从朿不从朿 嚴云
一切一剌作莿人關西謂之剌 燕
朝鮮列水之間謂之茦 从竹
李从艸作茦
注引關西謂之剌燕北朝鮮
間曰茦 謂同之耳

俗本作大介

蔆芡音儉雞頭也北燕謂之蔆〔注〕今江東亦名蔆耳俗●本蔆誤蔆今從宋曹毅之本青徐淮泗之閒謂之芡南楚江湘之閒謂之雞頭或謂之鴈頭或謂之烏頭〔注〕狀似烏頭故轉以名之●轉舊本作傳誤今從戴本

凡草木刺人北燕朝鮮之閒謂之茦〔注〕爾雅曰茦刺也●茦各本作策今据爾雅改茦初革反刺七亦反又作莿七賜反或謂之壯〔注〕今淮南人亦呼壯壯傷也山海經謂刺爲傷也自關而東或謂之梗〔注〕今云梗榆或謂之劌音鱖魚也○劌鱖皆居衞反俗本鱖誤作鱗今從宋本改正〔注〕劌者傷割人名自關而西謂之刺

方言 卷三 三 抱經堂校定本

方言　卷三

江湘之閒謂之棘。己力反 注 楚詞曰曾枝剡棘亦通語耳

凡飲藥傅藥而毒南楚之外謂之瘌 乖瘌。或當是音乖刺郎達反

北燕朝鮮之閒謂之癆 音澇。俗本作音聊今從宋本 注 癆瘌皆辛螫也東齊海岱之閒謂之瞑或謂之眩 注 瞑眩亦今通語耳。正德以下本瞑作眠案卷十內正作眠二字可通用

自關而西謂之毒瘌痛也

逞曉恔苦快也 注 恔即狡狡戲亦快事也。案詩萇楚箋狡狭淫戲

自關而東或曰曉或曰逞江淮陳楚之閒曰逞宋鄭周洛韓魏之閒曰苦東齊海岱之閒曰恔自關而

一卯廿一謬詐也朱校增謬詐二字於前

劉云今韵校韵海韵引此注並同

段云尻字改不可從 劉云居非

一卯廿四廿五引東齊海岱之間謂居曰廛大抵同

西曰怏

膠譎詐也● 案郭璞爾雅序並多紛謬釋文引方言謬詐也廣雅謬譎詐膠欺也謬與膠並見似此脫一謬字涼州西南之閒曰膠自關而東西或曰譎或曰膠。注汝南人呼欺爲讉亦曰詒 ○讉託回反詒音殆俗本託作訑戴本讉訑迆文又增他字作他回反誤詐通語也。

摳烏拔反擢拂戎拔也注今呼拔草心爲摳自關而西或曰拔或曰擢自關而東江淮南楚之閒或曰戎東齊海岱之閒曰摳

尉廛音纏約度尻也注周官云夫一廛宅也● 案度與宅古通用尻古居字宋本作居江淮青徐之閒曰尉東齊海岱之閒或曰

度或曰廛或曰踐

萃雜集也東齊曰聚戴●舊本誤作聖據廣雅改正

迨遝○徒荅反及也東齊曰迨音殆關之東西曰遝或曰及

荄杜根也注今俗名韭根爲荄音陔東齊曰杜注詩曰

徹彼桑杜是也●案所引係韓詩或曰芨音撥

班徹列也北燕曰班東齊曰徹

㾜音莫癁病也注謂勞復也東齊海岱之閒曰㾜或曰

癁秦曰瘎音諶○正德本作闇或湛今從宋本

掩醜掍衮衣綷作憒反同也江淮南楚之閒曰掩宋衞之

閒曰綷或曰掍東齊曰醜

一百七八齊謂猷曰道

劉云注㵍字如大

一百廿三廿刀遞代也查又廿三廿四刀同

裕猷道也東齊曰裕或曰猷

虔散殺也●虔訓殺已見卷一內丁云昭元年左氏傳蔡蔡叔釋文云上蔡字音素葛反放也說文作𣪠音同字從殺下米云𥼺𥼺散之也可以互證東齊曰散青徐淮楚之閒曰虔

氾音汎浼音漫㵍湯潤洼烏蛙反洿也【注】皆洿池也自關而東或曰洼或曰氾東齊海岱之閒或曰浼或曰㵍【注】荆州呼潢也

庸恣比次比侹挺直更佚蹉跌代也齊曰佚江淮陳楚之閒曰侹餘四方之通語也【注】今俗亦名更代作爲恣作也●恣當作佽說文佽遞也又昭十六年左氏傳庸次比耦作次與更代義相近佚迭古通用

氓音萌民也注民之總名

朹音舊仇也注謂怨仇也●集韻作朹引方言朹仇也

寓寄也●已見卷二中

露敗也

別治也

棖法也注救傾之法●棖與堂歫之堂古通用

謫音賾怒也注相責怒也

閞非也

格正也

䴡數也注偶物爲麗故云數也

盧云案太玄内初一謹于䙶朹初貞後寧范望注朹匹也釋文朹音仇又音救則作朹亦是

段云乎拔耕

趙岐注見之證注戾也

李作譚

段云諄曉告之孰也古人謂曾素爲諄者七宋曾凡相惡謂之諄憎注中惡字讀去声謂罪惡之也

軫江東音善戾也注相了戾也●案軫與紾抮竝同考工記老牛之角紾而昔釋文云紾許愼尚展反又徒展反與注抮縛之抮同此音善亦相合注了戾李善注王融策秀才文引方言作乖戾蓋誤也了有繆曲之義作了戾方與紾義尤切考西陽雜俎云野牛高丈餘其頭似鹿其角了戾長一丈白毛尾似鹿出西域据此正與考工記之紾義合又導引經云又手項上左右自了戾不息復三此亦繆轉之意本或作又戾於義何取誤也又了戾卽繚戾劉向九歎繚戾宛轉阻相薄兮詩魏風葛屨毛傳云糾糾猶繚繚朱子亦以繚戾釋之尤可證

屑音薛潔也注謂潔淸也

譚章順反罪也注謂罪惡也●案譚俗本作諄字書無此字今從正德本譚卽諄字章倫反亦不見有罪惡義竊疑諄字當卽孟子凡民罔不譈之譈省與憝同徒對反趙岐注孟子譈殺也書傳訓惡烏路反可惡可殺是則有罪者也

尤本茶勝之乖



抱經堂校定本

段云書依說文作楓剿同

段云字依所括蓋作䙫史記云云郭音雖異而音同其義亦相近說文有䙫無䵳

方言卷三

俚音吏聊也注謂苟且也

䄫恪本反就也注䄫䄫成就皃

苙音立圂也注謂蘭圂也●案蘭圂亦作蘭圈

廋音搜索也隱也注謂隱匿也

銛音忝取也注謂挑取物

棖隨也注棖柱令相隨也●棖亦作樘徐鉉云今俗作撐非

傮音臺䵳音棘農夫之醜稱也南楚凡罵庸賤謂之田傮

注佅傮鴑鈍皃或曰僕臣傮亦至賤之號也或謂之

䵳注䵳丁健皃也廣雅以爲奴字作棘音同○案廣雅傮䵳醜也此所引誤或謂

之辟音璧辟商人醜稱也注辟辟便黠皃也

㢓謂之倯相容反轉語也注倯猶保倯也今隴右人名孏爲倯

褸裂音縷須捷◯舊本作㨗挾斯敗也南楚凡人貧衣被醜弊謂之須捷◯案弊敝古通用注須捷狎翣也或謂之褸裂注褸裂衣壞皃◯注褸字舊本脫或謂之襤褸故左傳曰篳路襤褸以启山林注篳路柴車●案启與啓古通用殆謂此也或謂之挾斯注挾斯猶挾變也◯挾變正德本作挾亦器物弊亦謂之挾斯

撲打撲鋌音挺澌盡也南楚凡物盡生者曰撲生注今種物皆生云撲地生也物空盡者曰鋌鋌賜也注亦中

方言　卷三

國之通語也鋌賜撲澌皆盡也鋌空也語之轉也鋌○賜撲澌舊本誤作連此撲澌今從戴本詩大雅皇矣篇王赫斯怒鄭讀斯爲賜盡也古棗下何簒簒詩棗適今日賜誰當仰視之新唐書李密傳敖庾之藏有時而賜亦作儩皆盡義鋌空也廣雅作罡空也

撲翕葉聚也注撲屬藂相著皃●案撲屬考工記作樸屬鄭注云樸屬猶附著俗本藂誤作葉今從宋本正德本改正楚謂之撲或謂之翕葉楚通語也

斟益也注言斟酌益之南楚凡相益而又少謂之不斟凡病少愈而加劇亦謂之不斟或謂之何斟注言雖少損無所益也

差○初賣反閒○音閒癎之閒知愈也南楚病愈者謂之差或謂

之閒【注】言有閒隟〇隟亦隙字或謂之知知通語也或謂之慧或謂之憭【注】慧憭皆意精明或謂之瘳或謂之蠲音涓一音圭〇舊本作一圭反譌案詩吉蠲爲饎三家詩作吉圭惟饎是蠲有圭音今改正【注】蠲亦除也或謂之除

輶軒使者絕代語釋別國方言第三

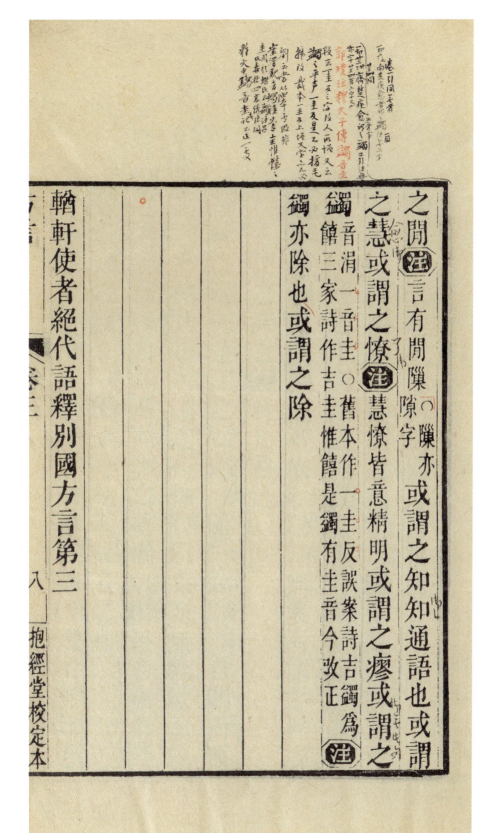

方言　卷三

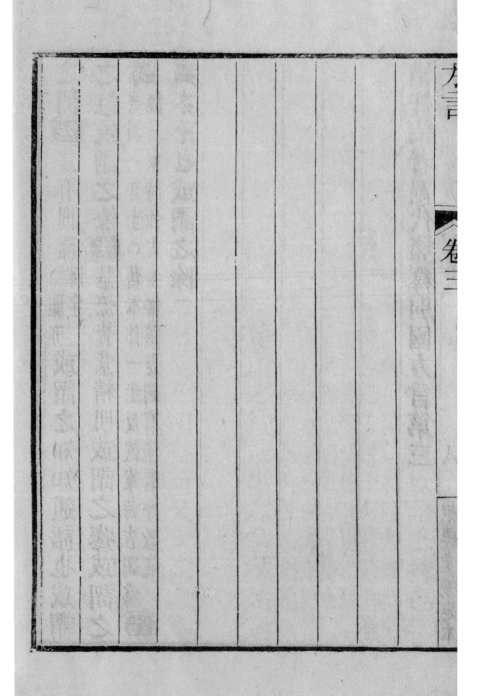

# 輶軒使者絶代語釋別國方言第四

襌衣江淮南楚之閒謂之褋音簡牒〔注〕楚辭曰遺余褋兮澧浦關之東西謂之襌衣有襃者〔注〕前施襃囊也襃房報反趙魏之閒謂之袏衣○袏丁賀反無襃者謂之裎衣音逞古謂之深衣〔注〕制見禮記

襜褕江淮南楚謂之褈裳凶反褣○小爾雅作童容自關而西謂之襜褕其短者謂之裋褕音豎以布而無緣敝而紩之謂之襤褸自關而西謂之裗䘿音倔〔注〕俗名䘿掖其敝者謂之緻丁履反〔注〕緻縫納敝故名之也

汗襦〔注〕廣雅作褕○案廣雅褈褣袛裯襜褕也無汗褕此恐誤江淮南楚

方言　卷四

之閒謂之襜音甑自關而西或謂之祗音氐〇正德本音止誤案廣雅音低裯丁牢反注亦呼為掩汗也自關而東謂之甲襦陳魏宋楚之閒謂之襜襦或謂之禪襦注今或呼衫為單襦

帬陳魏之閒謂之帔音披自關而東或謂之襬音碑注今關西語然也

蔽厀江淮之閒謂之褘音韋或暉〇爾雅釋器疏江淮下有南楚二字係誤衍或據以增入非也或謂之祓音沸〇案爾雅疏音弗魏宋南楚之閒謂之大巾自關東西謂之蔽厀齊魯之郊謂之袡昌詹反〇宋本正德本魯作楚又袡宋本作䄇爾雅疏則皆同今本

襦〔注〕字亦作褕又襦無右也●案舊本連上不提行故爾雅疏於袇冒詹切之下亦誤臍一襦字又案宋本注褕字作襝襝字與袇襜襟等字同似當在袇字下不當在此正德本作褕戴本從之戴云無右卽釋名所謂以中襟之領使上橫壅頸者右無曲裾故曰無右

西南蜀漢謂之曲領或謂之襦●蜀舊本作屬誤戴據後卷五內改正

褌陳楚江淮之間謂之䘴息勇反○俗本作鍇勇反今從宋本

袴齊魯之間謂之䙝音騫〔注〕傳曰徵䙝與襦●案傳䙝作褰宋本襦作褠同或謂之襱音鮦魚〔注〕今俗呼袴踦爲襱關西謂之袴

褕謂之袖〔注〕襦䙝有袖者因名云●戴氏案釋名云半袖其袂半襦而施袖也是襦有不施袖者正文當云褕謂之半袖注當云襦之半袖者注內䙝字亦舛誤䙝不得言袖當

是因上條而訛

衱謂之褗劫偃兩音注即衣領也

袿謂之裾注衣後裾也或作袪廣雅云衣袖

褸謂之衽注衣襟也或曰裳際也

褸謂之緻注襤褸緻結也本俗本多作緻○注緻字從宋

裯謂之襤注祇裯弊衣亦謂襤褸見前○已無緣之衣謂之襤

無袂音藝○案袂亦作褹見下文宋本音寐不必從衣謂之裗音慢惰○袂下俗本有之字案宋本正德本皆無注袂衣袖也

無裥袴謂之襣○裥下宋本及近本皆有之字正德本無注袴無踦者即

今犢鼻褌也祠亦襱字異耳

䘯謂之袩所交丁俠兩反○所交正德本作于茗今從宋本注未詳其義

衿謂之交注衣交領也

裺於劍反○正德本於作尖今從宋本謂之襦

襜謂之䘸注衣掖下也

佩衿音禁謂之裎注所以係玉佩帶也

褸謂之袩注卽衣衽也

覆䘹作憒反謂之襌衣

偏襌謂之襌襦注卽衫也

礿纏灼纏兩音謂之襌注今又呼爲涼衣也●襌俗本誤作褌今從宋本

方言 卷四

本正
德本
袒音但飾謂之直衿●衿與領古通用俗本誤作衿戴据廣雅改正注婦人初
嫁所著上衣直衿也○宋本無所著上三字玉篇有又音但二字各本在注末宋本
亦無
褒明謂之袍注廣雅云褒明長襦也
繞衿謂之帬注俗人呼接下江東通言下裳○衿舊亦誤作
衿据廣雅改正
懸裺音掩謂之緣注衣縫緣也
絜襦謂之蔽郄注廣異名也
裪襘音橘謂之袖注衣褾江東呼裷音婉

帍戶○音褾方廟反謂之被巾注婦人領巾也

繞緍音循謂之襹裺注衣督脊也

厲謂之帶注小爾雅曰帶之垂者爲厲

襎裷煩冤兩音謂之幭亡別反注即帊幞也

繄袼謂之䙅翳洛漚三音○案曹憲音廣雅繄烏雞反䙅烏苟反正德本漚作嘔今從宋本

注卽小兒次衣也●案次卽涎字舊本誤作次今從戴本改正

楚謂無緣之衣曰襤紩衣謂之褸秦謂之緻自關而西秦晉之間無緣之衣謂之裗襁注嫌上說有未了故復分明之

複襦江湘之間謂之䘿音竪或謂之筩褹注今筩袖之

方言卷四

劉云字書無䙡字

段云法字誤

以各本而以李作以

劉云音綃非

一切十三引作而郭作聞

禱也襒郎衼字耳

大袴謂之倒頓【注】今雹袴也小袴謂之䘼𧘇皎了兩音【注】

今䙡袴也楚通語也

幏○莫紅反巾也【注】巾主覆者故名幏也大巾謂之帉音芬

嵩嶽之南【注】嵩高中岳山也今在河南陽城縣陳潁

之閒謂之帤奴豬反亦謂之幏【注】江東通呼巾帉耳

絡頭帞頭也音貊紗繢鬢帶羌位反髤帶音菜帑音繢亦千○宋本繢

作繢幨於怯反○俗本作於法反誤今從宋本正德本改幧頭也音綃○幧自關以

西秦晉之郊曰絡頭南楚江湘之閒曰帞頭自河以

北趙魏之閒曰幧頭或謂之帑或謂之幨其偏者謂

一切十三引西楚自關以

一切十三帞頭也

之鬢帶注今之偏疊幧頭也○正文偏舊本誤作遍今案文改正或謂之䯼帶注䯼亦結也覆結謂之幘巾或謂之承露○宋本承上無之字或謂之覆䯼注今結籠是也皆趙魏之閒通語也

屝屨麤履也徐兗之郊謂之屝音翡自關而西謂之屨中有木者謂之複舄自關而東複履○複履上舊挍增謂之二字俟考其庳者謂之鞔下音婉禪者謂之鞮注今韋鞮也絲作之者謂之履麻作之者謂之不借粗者謂之屨他回反字或作屨音同○此粗字宋本正德本皆同屨俗本與下文竝作屩誤今從宋本改正音舊在下文屩本因改此屨字作屩恐未是東北朝鮮洌水之閒謂之䩕角音卬○卬

方言　卷四　五　抱經堂校定本

方言卷四

郎仰字

南楚江沔之閒總謂之麤 注 沔水今在襄陽西

南梁益之閒或謂之屨或謂之屝 乎瓦反一音畫○案屝舊本從戶作扉與屨屨等字異誤也今從廣雅改正乎瓦正德以下本作下瓦 履其通語也徐土邳沂音祈之閒 注 今下邳也 大麤謂之䩕角 注 今漆履有齒者

緉音兩䌟音爽絞也音校 注 謂履中絞也關之東西或謂之緉或謂之䌟絞通語也

纑謂之縝音振 注 謂纑縷也

輶軒使者絕代語釋別國方言第四

輶軒使者絶代語釋別國方言第五

鍑(音富)【注】釜屬也北燕朝鮮洌水之閒或謂之錪(音腆)或謂之鉼(音餅)江淮陳楚之閒謂之錡(音技)【注】或曰三腳釜也或謂之鏤吳揚之閒謂之鬲(音歷)釜自關而西或謂之釜或謂之鍑【注】鍑亦釜之總名○舊本謂之鬲止為一段下釜字別提行今案釜下郎云自關而西或謂之釜與前後文例殊不類正德本亦覺其未安移或謂之鍑并注於或謂之釜之上亦未是自當連上為一條而以上一釜字為衍文若以謂之鬲釜為句於佗書未有左證未敢輒定

甑自關而東謂之甗(音言○案說文从瓦鬳聲讀若言魚蹇切)或謂之鬵(音岑○案說文讀若岑才林切)【注】梁州呼鉹●爾雅注作涼州疏從之案博古圖錄凡兩引

方言卷五

皆作梁古書中梁涼互異者多矣各從其舊可也鉹尺氏反或謂之酢○才故反餾屋霤○餾俗本多從金旁作鎦今從正德本盂音亐○亐即于字宋楚魏之間或謂之盌烏管反盌謂之盂或謂之銚銳謠語●案此謠語後卷十三作謠音盌謂之櫂●案楊倞注荀子正論篇魯人以榶引方言盌謂之榶今此條無榶字廣雅亦有櫂無榶盂謂之柯注轉相釋者廣異語也海岱東齊北燕之間或謂之盎書卷○太平御覽引作棬丁公著孟子音亦同

盃音雅椷封緘盞酒醆溫薄淹反閜呼雅反⿱楊皿又章反○案舊本作音章譌今從廣雅曹憲音⿱麻皿音摩桮也秦晉之郊謂之盃注所謂伯盃者也○案盃亦作雅伯雅仲雅季雅謂之三雅見典論自關而東趙魏之間曰椷

或曰盞注最小桮也或曰盌其大者謂之閜吳越之閒曰𥂕齊右平原以東或謂之𥃝桮其通語也𧕨音麗○案郎注蠡字音禮注瓢勺也陳楚宋魏之閒或謂之簞或謂之檵音羲注今江東通呼勺為檵或謂之瓢

案陳楚宋魏之閒謂之𣖒自關東西謂之案

桮落注盛桮器籠也陳楚宋衛之閒謂之桮落又謂之豆筥自關東西謂之桮落

箸筩注盛朼箸籫也籫作管反朼郎匕字陳楚宋衛之閒謂之筲鞭鞘○衛各本俱作魏今從宋本或謂之籯音盈注漢書曰遺子黃金滿籯自關而西謂之桶檧注今俗亦通呼小籠

方言　卷五

爲桶檧音籠冠檧蘇勇反或作箳○案音有舛錯音籠冠三字未詳或作箳三字當在桶字下廣雅音桶天孔反檧音忽廣韻蘇公切又先孔切字或作檧

瓬音岡㼚都感反亦音沈甒音舞䍃音由瓭音鄭㼜胙江反○案爾雅疏作仕江反廣雅亦作士江爾雅疏內餘音皆與此同甀度睡反○俗本睡作腄今從宋本瓮○甕同瓿甊瓿音部甊洛口反甇牛志反甖於庚反也○舊本脫也字今補靈桂之郊謂之瓬【注】今江東通名大瓮爲瓬其小者謂之㼚周魏之間謂之甒【注】今江東亦呼甖爲甒子秦之舊都謂之瓭淮汝之間謂之䍃江湘之間謂之㼜自關而西晉之舊都河汾之間【注】汾水出大原經絳北西南入河其大者謂之甀其中者謂之瓿甊自關而東趙魏

之郊謂之瓮或謂之甖東齊海岱之閒謂之甀甖其通語也

罃○說文罌缶也罃備火長頸缾也此此亦與上條別陳魏宋楚之閒曰甂音臾或曰甀音殊燕之東北朝鮮洌水之閒謂之瓺音暢亦音腸齊之東北海岱之閒謂之儋音儋荷字或作甔○案後漢書注爾雅疏俱引作甔注所謂家無儋石之儲也○家無儋石之儲見漢書揚雄傳舊本儲作餘誤章懷注後漢書明帝紀引此注儲下多一者字周洛韓鄭之閒謂之甎或謂之罃

罃謂之甄鼓鼙

甕烏貢反○罋同謂之㽂音斯○廣雅

方言 卷五

缶謂之瓿甂音偶 注 卽盆也 其小者謂之瓶罃 ○舊本罃字在下條之首誤案昌黎詩瓶大缾罌小所任自有宜缾罌卽此瓶罃也今据改正

甈郄罽反○案說文魚列切 謂之盎烏浪反 注 案爾雅甈康壺而方言以爲盆未詳也○案注盆下疑脫盎字 自關而西或謂之盆，或謂之盎。其小者謂之升甌惡牟反亦音憂○舊本甌字誤在上條之末案廣雅云甂甌甋也自當別爲條今改正

甋音邊 陳魏宋楚之閒謂之題杜啓反 注 今河北人呼小盆爲題子 自關而西謂之甋，其大者謂之甌。

所以注斛 ○俗本所以上空五字郎本以篙注箕籮皆五字補其闕皆非也宋本竝無闕文

注 盛米穀寫斛中者也 ○正德本無也字案此但釋注斛未出器名當去者字畱

也字陳魏宋楚之間謂之篙音巫注今江東亦呼爲篙自關而西謂之注箕○箕字當提行觀下舉陳魏宋楚可見陳魏宋楚之間謂之籮注篙亦籮屬也形小而高無耳

炊䉂○於六反謂之縮注漉米䉂也或謂之簍音數或謂之匴音旋注江東呼淅籤

篝注今薰籠也陳楚宋魏之間謂之牆居

扇自關而東謂之箑音篓注今江東亦通名扇爲箑●亦作翣自關而西謂之扇

碓機注碓梢也陳魏宋楚自關而東謂之梴音延磑或謂之䃴錯碓反注即磨也

方言　卷五　四　抱經堂校定本

方言　卷五

繘音橘【注】汲水索也自關而東周洛韓魏之閒謂之綆或謂之絡音洛關西謂之繘●俗本句末有綆字戴案易釋文及左氏傳襄九年正義所引皆無之有者衍也

櫪【注】養馬器也梁宋齊楚北燕之閒或謂之樎音縮或謂之皁【注】皁隷之名於此乎出

飤馬橐●飤古飼字舊本誤作飲案玉篇云篼飼馬器也今定作飤自關而西謂之裺囊音鵪或謂之裺篼音兜或謂之㡖篼音樓燕齊之閒謂之帳廣雅作振字音同耳○案今廣雅亦作帳

鉤【注】懸物者宋楚陳魏之閒謂之鹿觡【注】或呼鹿角或謂之鉤格自關而西謂之鉤或謂之鏾音微

鍪○舊本皆作臿案下𣂅字郭云此亦鍪聲轉也下引方言云鍪江淮南楚閒謂之臿此書雖不出鍪字則文無所承正字通出近世亦必有所本今改從之七消反燕之東北朝鮮洌水之閒謂之𣂅湯料反此亦鍪聲轉也宋魏之閒謂之鏵○五瓜反說文作茉或謂之鍏音韋江淮南楚之閒謂之臿沅湘之閒謂之畚趙魏之閒謂之喿字亦作鍪也玉篇作鍬同鍪●東齊謂之梩音駭注江東又呼鍪刃爲鏊普蔑反

杷注無齒爲朳○朳音八本亦作捌注上或增有齒爲杷四字見顏師古注急就篇此不當有宋魏之閒謂之渠挐諸豬反注今江東名亦然或謂之渠疏注語轉也

僉注今連枷所以打穀者宋魏之閒謂之攝○時葉反殳

方言　卷五

殊【注】亦杖名也或謂之度音量度也【注】今江東呼打爲度

猶然○今語自關而西謂之棓蒲項反或謂之柫音拂齊楚江

淮之閒謂之柍音悵快亦音爲車鞅【注】此皆打之別名也或謂

之桲音勃

刈鉤江淮陳楚之閒謂之鉊音昭或謂之鐹音果自關而

西或謂之鉤或謂之鎌或謂之鍥音結

薄宋魏陳楚江淮之閒謂之苗或謂之麴【注】此直語

楚聲轉也○聲轉也俗本作轉聲今從宋本正德本改正自關而西謂之

薄南楚謂之蓬薄●薄苗從艸與說文同廣雅玉篇俱轉而從竹

橛燕之東北朝鮮洌水之閒謂之椵音段【注】揭杙也江

東呼都

槌度畏反注縣蠶薄柱也宋魏陳楚江淮之閒謂之植音值自關而西謂之槌齊謂之样音陽其橫關西曰榺音朕注亦名校音交宋魏陳楚江淮之閒謂之㯰音帶齊部謂之㭙丁革反。案㭙從木特省聲舊本作丁謹反誤今從戴本改正所以縣㯰關西謂之𦆟力冉反東齊海岱之閒謂之繏相卷反。案俗本誤作纘相主反今從宋本改正與廣雅玉篇皆合曹憲音繏思絹反宋魏陳楚江淮之閒謂之繯擐甲或謂之環檈。案檈字不可曉豈校書者以環本亦有作檈字者耶檈音旋若作環音可不須此字宋本同上作擐甲之擐正德本無此字

箄宋魏之閒謂之筆注今江東通言筆或謂之籧苗

方言 卷五

自關而西謂之簞或謂之𥰭注今云𥰭篾篷也○宋本正德本篷皆作蓬其粗者謂之籧篨○粗字從宋本正德本今或作麤或作麄皆非自關而東或謂之篕盍○音掞音剡○案廣雅作⿱竹掞注江東呼籧篨爲䉬音廢○今呼蘆䉬

筕篖注似籧篨直文而粗江東呼笪音靼自關而東周洛楚魏之間謂之倚佯音羊自關而西謂之筕篖南楚之外謂之篖

牀齊魯之間謂之簀音迮○卽簀字注牀版也陳楚之間或謂之笫音滓又音姊其杠北燕朝鮮之間謂之樹自關而西秦晉之間謂之杠南楚之間謂之趙注趙當作兆

聲之轉也中國亦呼杠爲桃牀皆通也●趙廣雅作⿰爿兆注皆通下疑脫語字東齊海岱之間謂之⿰木幸音詭○俗本誤作樺音先今据宋本改正與徐堅初學記所引正相合其上板衛之北郊趙魏之間謂之牒簡牒或曰牑履屬○案說文牑牀版也讀若邊方田切此云履屬恐誤

俎几也西南蜀漢之郊曰杫音賜榻前几江沔之間曰桯音刑注今江東呼爲承趙魏之間謂之椸音易几○案廣雅椸作㫊曹憲音尸賜反几舊誤作凡今從戴本其高者謂之虡音巨注即筍虡也○高几名虡未必即縣樂器者

籰○曹憲音于縛縈碧兩反榬音爰也注所以絡絲者○舊本作也誤兖豫河濟之間謂之榬絡謂之格注所以轉籰絡車也

維車蘇對反趙魏之間謂之轣轆車東齊海岱之間謂之道軌

戶鑰自關而東陳楚之間謂之鍵巨蹇反自關而西謂之鑰

簙謂之蔽或謂之箘音困秦晉之間謂之簙吳楚之間或謂之蔽或謂之箭裏注簙箸一名箭廣雅云○舊本箸誤作著脫一字案廣雅簙箸謂之箭今据訂正或謂之簙毒或謂之夗專夗於辯反專音轉或謂之匴璇銓旋兩音注或曰竹器所以整頓簙者或謂之棊所以投簙謂之枰評論或謂之廣平所以行棊謂之局或謂之曲道圍棊謂之弈自關而東齊

魯之閒皆謂之弈

# 輶軒使者絕代語釋別國方言第五



抱經堂校定本

方言 卷五

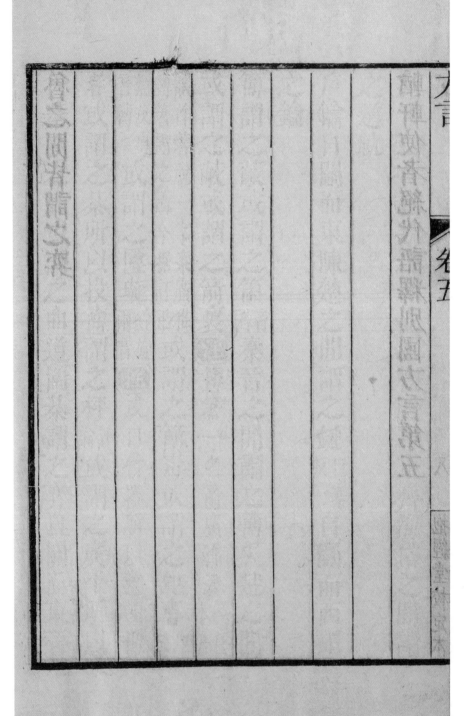

輶軒使者絶代語釋别國方言第六

聳山項反●卷十三二內聳字音同舊本作山頂也誤今從戴本改正𦗔●舊本誤作般戴据說文改正本亦作獎郎兩反欲也注皆強欲也○案以我所欲強人之我從則曰聳曰獎今人語猶然荊吳之閒曰聳晉趙曰𦗔自關而西秦晉之閒相勸曰聳或曰𦗔中心不欲而由旁人之勸語亦曰聳○案此又一義故曰亦凡相被飾亦曰𦗔

聳聹音宰聾也半聾梁益之閒謂之聹注言胎聹煩憒也秦晉之閒聽而不聰聞而不達謂之聹生而聾陳楚江淮之閒謂之聳注言無所聞常聳耳也荊揚之閒及山之東西雙聾者謂之聳聾之甚者秦晉之閒

方言 卷六 一 抱經堂校定本

劉曰五刮反三字當是後人妄增
注聉字下音依廣韻聉增齾字

李聉不誤

聧戴改䏁 聧同上 李亦有作聧

方言　卷六

謂之聵五刮反○案說文五滑切注言聉無所聞知也外傳聾聵司火音蒯聵○案音聵讀如蒯聵之聵也宋本聉誤作耻正德本不誤說文聉主滑切又宋本司火作伺火亦誤今從外傳改正吳楚之外郊凡無有耳者亦謂之聵其言聧者若秦晉中土謂墮耳者䏁也五刮反●俗本䏁誤作明案說文䏁墮耳也魚厥切今據改正

陂偏頗傜逍遙衺也陳楚荊揚曰陂自山而西凡物細大不純者謂之傜注言俄傜也○俄字俗本脫宋本有娥字案廣雅俄衺也定作俄字

由迪正也東齊青徐之閒相正謂之由迪

㥦音腆恧人力反又女六反慙也荊揚青徐之閒曰㥦若梁益

戴云㥦誤
言㥦作㥦
……

大典明

秦晉之閒言心內慙矣山之東西自愧曰恧〔注〕小爾雅曰心愧爲恧。○案本作心慙曰恧趙魏之閒謂之聅音密亦祕

寋音蹇展難也齊晉曰寋山之東西凡難貌曰展荆吳之人相難謂之展若秦晉之言相憚矣齊魯曰燀昌羨反〔注〕難而雄也。○案注似有訛

胥由輔也〔注〕胥相也由正皆謂輔持也吳越曰胥燕之北鄙曰由

蛩烘鞏恭兩音戰慄也荆吳曰蛩烘蛩烘又恐也

錪吐本反錘直睡反重也東齊之閒曰錪宋魯曰錘

鋡音含龕○龕音堪從龍從今聲俗本上作合訛今從九經字樣改正受也〔注〕今云

龕囊依此名也齊楚曰鋡揚越曰龕受盛也猶秦晉言容盛也

矔慣習眮侹侗。案說文眮徒弄切此當依卷十二內音挺挏漢書百官公卿表更名家馬爲挏馬晉灼曰挏音挺挏顏氏家訓勉學篇引漢禮樂志云給太官挏馬酒李奇注以馬乳爲酒也撞挏乃成二字竝從手撞都孔反挏達孔反此謂撞擣挺挏之据此則作挺挏爲是轉目也梁益之閒瞋目曰矔轉目顧視亦曰矔吳楚曰眮

逴勑略反騷先牢反𨔛。丑孝反亦作踔蹇也〔注〕跛者行跳踔也吳楚偏蹇曰騷齊楚晉曰逴〔注〕行略逴也

𤺗音斯嗌惡介反噎音翳也〔注〕皆謂咽痛也楚曰𤺗秦晉或曰嗌又曰噎

怠陁音蟲豸●舊本此下有未詳二字今删壞也注謂壞落也

埕音涅墊丁念反下也凡柱而下曰埕屋而下曰墊

㑥音刎邈離也注謂乖離也楚謂之越或謂之遠吳越曰㑥

顛頂上也

誣○宋本作誣下竝同俗本䛘乙劒反○戴本多作誣今從說文爲正䛘從玉篇於劒反与○古與字廣雅作予戴云與讀若譽也吳越曰誣荆齊曰䛘与猶秦晉言阿与注相阿与者所以致誣䛘也●戴云䛘與猶阿與一聲之轉耳凡無實而虛加者皆爲誣郭註似又轉一義

掩索○音色取也自關而東曰掩自關而西曰索或曰

方言　卷六

狙【注】狙伺也○俗本正文誤作狙并脫注今据宋本補正戴本因卷十狙取也狙下注柤梨二字遂移改此文不知狙伺而取與掩取義正合不當以彼易此今不從

瞍鳩拔反亦作䁙○略音略視也東齊曰瞍吳揚曰略【注】今中國亦云目略也○注目略郎本作瞍略胡本作目瞍吳本目下闕今從宋本凡以

目相戲曰瞍

遙廣遠也梁楚曰遙

汩于筆反遙●玉篇作遙字同疾行也【注】汩汩急貌也南楚之外曰汩或曰遙

蹇妯音迪擾○古擾字也【注】謂躁擾也不靜曰妯秦晉曰蹇齊宋曰妯

李作儝

釋文本又作麋校勘記云

絓音乖挈口八反儝古熒字介特也楚曰儝晉曰絓秦曰挈

物無耦曰特獸無耦曰介注傳曰逢澤有介麋

飛鳥曰雙鴈曰乘○此條從宋本提行不承無耦之文爲是乘古乘字李善注解嘲引作四鴈曰乘

台既失也魯宋之閒曰台

既隱據定也●既已然也隱據皆安也故義又皆爲定

稾○廣雅作懔浚敬也秦晉之閒曰稾齊曰浚吳楚之閒

自敬曰稾

悛音銓懌音奕改也自山而東或曰悛或曰懌注論語曰

悅而不懌

方言　卷六

坻水泜坥癰疽場音傷也梁宋之閒蚍蜉䵅鼠之場䵅與犂同舊本誤作䵅今從說文謂之坻【注】䵅鼠蚡鼠也●蚡鼠即鼢鼠螾音引場謂之坥【注】螾蛐蟮也其糞名坥●蛐舊本作蟥誤今從宋本

徥度指反○俗本指作指今從宋本說文是支切說見卷二內用行也【注】徥偕行皃●注偕舊本作皆今亦依卷二注改正朝鮮洌水之閒或曰徥

鋪音敷頒索也東齊曰鋪頒猶秦晉言抖藪也【注】謂斗藪舉索物也

參蠡音麗分也【注】謂分割也齊曰參楚曰蠡秦晉曰離

㾷○說文先稽切宋本作厮下同厮雖有離析之義今言聲變自當作㾷爲是披散也東齊聲散曰㾷器破曰披秦晉聲變曰㾷器破而不殊

其音亦謂之㾊器破而未離謂之璺音問南楚之閒謂之𢼌妨美反一音圮塞●舊本圮誤作把今從宋本改正

繙音晏緜施也秦曰繙趙曰緜吳越之閒脫衣相被謂之繙緜注相覆及之名也

悀音踊愊妨逼反○俗本作偪今從宋本滿也凡以器盛而滿謂之悀注言涌出也腹滿曰愊注言敕偪也

傒醯醯酢冉鎌冉音髯○鎌宋本作鐮下同今案二字本同危也東齊掎物而危謂之傒醯掎居枝反●俗本作椅戴氏据玉篇改偽物謂之冉鎌

紕音毗繹音亦督雉理也秦晉之閒曰紕凡物曰督之注言正理也絲曰繹之注言解繹也

集韻三十二引摩滅也

方言　卷六

𢏍古矧字呂長也東齊曰𢏍宋魯曰呂

𨂝𠹌力也東齊曰𨂝注律𨂝多力皃宋魯曰𠹌𠹌田力也注謂耕墾也●下𠹌字戴疑墾俗本田誤作由今從宋本

瘱瘞埋又翳●瘞埋俗本作埋也誤諦瓜蔕○諦與諦同審也齊楚曰瘱秦晉曰諦

譩音翳諦亦音蔕諟音帝也注諟亦審互見其義耳○注舊作亦審諟今從丁校改轉吳越曰譩諦

揞烏感反揜錯音酢摩藏也●藏各本作滅誤戴氏以廣雅玉篇廣韻校改荊楚曰揞吳揚曰揜周秦曰錯陳之東鄙曰摩

抾摸去也●案荀子榮辱篇胠於沙而思水楊倞注引方言袪去也從衣似胠袪可通用齊

𧽤之總語也抾摸猶言持去也

舒勃展也東齊之間凡展物謂之舒勃

摳揄旋也秦晉凡物樹稼早成熟謂之旋燕齊之間謂之摳揄

絚罔鄧反●與緪互同戴本作緪本說文 筳湯丁反 竟也秦晉或曰緪或曰竟楚曰筳

䌤音剡○俗本作𦇧今據玉篇改正 劉音妾 續也秦晉續折謂之䌤繩索謂之劉

孼音糵 楚謂之紉 注 今亦以綫貫針爲紉音刃

閻苫○各本皆作笘宋本下一字作苫案廣雅作苫苫之訓開佗書未見竊疑皆當作苫字苫蓋雖

皆所以覆屋而蓋亦可以爲戶扇見荀子宥坐篇九蓋皆繼楊倞注又案說文蓋苫也周禮夏官圉師茨牆則翦闔康成注闔苫也然則苫與蓋闔義皆開也同而轉爲開字固有反覆相訓者此亦然也

東齊開戶謂之閽苫。卷十三閽開也注謂開門也楚謂之閽注亦開字也

杼柚作也東齊土作謂之杼木作謂之柚。今杭人尙有泥作木作語

厲印。廣雅印作印曹憲音於信反然印之訓爲佗書亦未見案印與昂通有激厲之意與爲訓相近故不從廣雅易此文爲也。注爾雅曰俶厲作作亦爲也●案厲訓作見釋詁作訓爲見釋言甌越曰印。吳曰厲。

戲憚怒也齊曰戲楚曰憚

爰暖●曹憲音呼館虎元二反玉篇虛元反恚也[注]謂悲恚也楚曰爰秦晉曰暖皆不欲膺而強畣之意也

傻艾長老也東齊魯衛之閒凡尊老謂之傻或謂之艾[注]禮記曰五十爲艾周晉秦隴謂之公或謂之翁南楚謂之父或謂之父老南楚瀑洭瀑匡兩音之閒[注]洭水在桂陽母謂之媓謂婦妣曰母姼音多稱婦考曰父姼[注]古者通以考妣爲生存之稱

巍嶢崝嶮高也[注]嶕嶢崝嵤皆高峻之皃也○案崝嵤即崢嶸各本脫皆字宋本有

猒塞安也[注]物足則定●廣雅懕𡫳安也曹憲音懕一占反案𡫳與塞同

方言卷六

㥄音凌憮亡主也憐也

掩翳薆音愛也【注】謂蔽薆也詩曰薆而不見

佚愓跌唐兩音緩也○案佚愓與佚蕩佚愓劮婸跌宕皆同漢書揚雄傳云爲人簡易佚蕩張晏曰佚音鐵蕩音讜晉灼曰佚蕩緩也正本此又蕭該云蕩亦作愓韋昭音佚爲替愓爲黨又李善注江淹恨賦引揚雄傳作跌宕廣雅劮婸婬也婬乃緩字之誤或張揖自以意改之正不當以方言爲誤戴本遽從廣雅改此文作佚婸婬也不考之漢書注非是今不從

輶軒使者絕代語釋別國方言第六

輶軒使者絶代語釋別國方言第七

諄憎所疾也諄之潤反宋魯凡相惡謂之諄憎若秦晉言可惡矣●楊倞注荀子哀公篇引作齊魯凡相疾惡謂之諄憎韻會同

杜蹻音笑噱○俗本噱誤作譃今從宋本趿也趙曰杜注今俗語通言趿如杜杜梨子趿因名之山之東西或曰蹻注郄蹻燥趿皃○郄字與郤同音隙或改作御非也御乃却字

佻丁小反抗縣也趙魏之閒曰佻自山之東西曰抗燕趙之郊縣物於臺之上謂之佻注了佻縣物皃○俗本脫皃字宋本有

發稅舍車也舍宎音寫●案寫卽卸也音義同東齊海岱之閒謂之

方言　卷七　一　抱經堂校定本

方言 卷七

發注今通言發寫也宋趙陳魏之閒謂之稅注稅猶脫也

肖類法也齊曰類西楚梁益之閒曰肖秦晉之西鄙自冀隴而西注冀縣今在天水使犬曰哨音騷●案玉篇引作嗾素口反西南梁益之閒凡言相類者亦謂之肖注肖者似也

憎懷●廣雅曹憲音人尙反憚也注相畏憚也陳曰懷

譙字或作誚讙火袁反讓也齊楚宋衞荆陳之閒曰譙自關而西秦晉之閒凡言相責讓曰譙讓北燕曰讙

僉胥皆也自山而東五國之郊曰僉注六國唯秦在

山西東齊曰胥。

侔莫強也●廣雅侔作勑同曹憲音強巨兩反下同北燕之外郊凡勞而相勉若言努力者謂之侔莫

傑音邛竹偢○相容反見三卷罵也注羸小可憎之名也燕之北郊曰傑偢○案今罵人以二字合讀

展惇信也東齊海岱之閒曰展燕曰惇注惇亦誠信●戴云信兼屈信誠信兩義故注言亦以別見之李善注揚雄長楊賦引方言展申也即此

斯掬離也齊陳曰斯燕之外郊朝鮮洌水之閒曰掬○案掬無離義疑當作播播古文作𢿌形近致誤

蝎音曷噬卜筮逮也●案爾雅釋言作遏遾逮也東齊曰蝎北燕曰噬

逮通語也

皮傅音附皮傅見後漢書張衡傳○案郎傳字猶敷之或作敷也彈●廣雅作憚同憸音僉

強也注謂強語也秦晉言非其事謂之皮傅東齊陳

宋江淮之間曰彈憸

膊音膊脯普博反○舊本又出三字今刪曬霜智反晞暴也東齊及秦之

西鄙言相暴僇爲膊注暴暴僇謂相暴磔惡事燕之外

郊朝鮮洌水之間凡暴肉發人之私披牛羊之五藏

謂之膊暴五穀之類秦晉之間謂之曬東齊北燕海

岱之郊謂之晞

熬聚創眇反即鬻字也煎僃皮力反鞏拱手●廣雅作熔曹憲音跫去聲應郎鞏聲微

轉耳火乾也凡以火而乾五穀之類自山而東齊楚以往謂之熬關西隴冀以往謂之𤓅秦晉之間或謂之聚凡有汁而乾謂之煎東齊謂之鞏

胹而●李善注枚乘七發引作臑同餁荏亭○卽亨字音烹廣雅作亯爛糦熾酋囚酷○廣雅作稓熟也自關而西秦晉之郊曰胹徐揚之間曰餁嵩嶽以南陳潁之間曰亭自河以北趙魏之間火熟曰爛氣熟曰糦久熟曰酋穀熟曰酷熟其通語也

嫛盈嫛上已音●案嫛見卷二羌箠反各本誤作魏案玉篇云嫛盛貌嫛之爲盛猶馮之爲滿皆盛怒意廣雅作覬亦誤怒也燕之外郊朝鮮洌水之間凡言呵叱

者謂之㜲盈

𨂷䟰音務隑企欺豉切○音未詳前後作版反此作切疑有誤立也東齊海岱北燕之郊跪謂之𨂷䟰注今東郡人亦呼長跽爲𨂷䟰

委痿謂之隑企注脚躄不能行也

瀧音籠涿謂之霑漬注瀧涿猶瀨滯也

希鑠摩也燕齊摩鋁音慮謂之希

平均賦也燕之北鄙東齊北郊凡相賦斂謂之平均

羅謂之離離謂之羅注皆行列物也

釗超遠也釗上已音●見卷一燕之北郊曰釗東齊曰超

漢漫●廣雅作憪恚賑音瞋眩音懸懣也朝鮮洌水之間煩懣

謂之漢漫顚眴謂之䀼眩
憐職愛也言相愛憐者吳越之閒謂之憐職
茹音勝如●未詳食也吳越之閒凡貪飲食者謂之茹。注今俗呼能粗食者爲茹
竘恪垢反貌治也注謂治作也吳越飾貌爲竘或謂之巧注語楚聲轉耳
煦州呼煆呼夏反熱也乾也注熱則乾燥〇舊本作⿰火參俗燥字吳越曰煦煆
攍音盈●本亦作𣎆後漢書鄧禹傳注引膂賀〇荷何皆通用廣雅作何艜音鄧儋也齊楚陳宋之閒曰攍注今江東呼擔兩頭有物爲艜

方言

注莊子曰攍糧而赴之燕之外郊越之垂甌吳之外鄙謂之膂注擔者用膂力因名云南楚或謂之攍自關而西隴冀以往謂之賀注今江東語亦然凡以驢馬馲駝載物者謂之負佗音大◦案今作馱字亦謂之賀

樹植立也燕之外郊朝鮮洌水之間凡言置立者謂之樹植

過度◦本亦作渡謂之涉濟注猶今云濟度

福祿謂之祓戩廢箭兩音

傺音祭眙敕吏反逗也注逗即今住字也南楚謂之傺西秦謂之眙注眙謂住視也西秦酒泉燉煌張掖是也

逗其通語也

輶軒使者絶代語釋別國方言第七

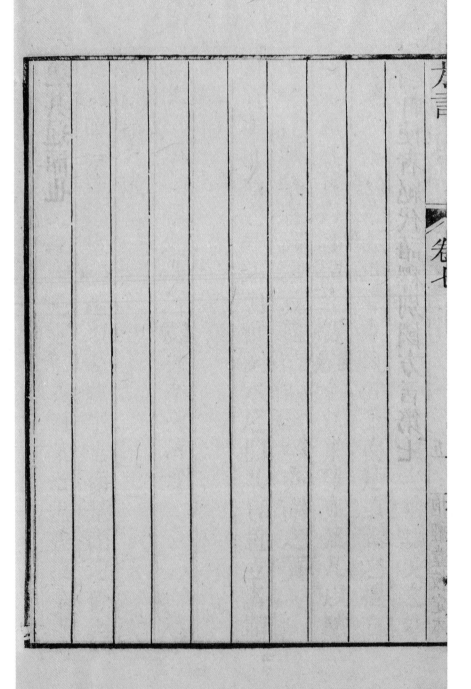

戴云宋本非

# 輶軒使者絶代語釋別國方言第八

虎陳魏宋楚之閒或謂之李父江淮南楚之閒謂之李耳注虎食物値耳卽止以觸其諱故或謂之於䖘於音烏●左傳作於菟釋文音烏徒注今江南山夷呼虎爲䖘音狗竇○宋本誤作音湯故戴云徒語轉爲竇自關東西或謂之伯都注俗曰伯都事神虎說○神各本誤作抑今從宋本戴云上仍當脫一見字

貔音毗注狸別名也陳楚江淮之閒謂之𧳅音來北燕朝鮮之閒謂之豾音丕注今江南呼爲豾狸關西謂之狸注此通名耳貔未聞語所出○戴云貔猛獸古今無以名狸者貔當狸字誤郭所見本已作貔故注亦疑之

貛音歡注豚也關西謂之貒波湍

雞陳楚宋魏之間謂之鸊鷉避祇兩音桂林之中謂之割

雞或曰䳲音從北燕朝鮮洌水之間謂伏雞曰抱房奧反

注江東呼蓲央富反今語猶然○爵子及雞雛皆謂之鷇恪遘反關

西曰鷇音狗竇○鷇說文作㲉今各本皆作鷇淮南

主術訓鷇卵不得探亦作鷇此字俗行已久姑仍之

又●各本俱音顧今從宋本其卵伏而未孚始化謂之涅已見卷三孚音赴

豬北燕朝鮮之間謂之豭注猶云豭斗也關東西或

謂之彘或謂之豕南楚謂之豨其子或謂

之豯音奚吳揚之間謂之豬子其檻及蓐曰橧音繒注爾

雅曰所寢橧

布穀○戴云當作尸鳩自關東西梁楚之閒謂之結誥●爾雅作鴶鵴毛詩傳作秸鞠說文作桔鵴音義竝同周魏之閒謂之擊穀自關而西或謂之布穀注今江東呼爲䅌穀

鳱鴠侃旦兩音注鳥似雞五色冬無毛赤倮晝夜鳴周魏齊宋楚之閒謂之定甲或謂之獨舂注好自低仰自關而東謂之城旦注言其辛苦有似於罪謫者或謂之倒懸注好自懸於樹也或謂之鳱鴠○舊本誤作鶡鴠今依戴本改正自關而西秦隴之內謂之鶡鴠●說文作渴旦禮記月令作曷旦釋文云曷本亦作鶡同戶割反坊記作盍旦釋文盍音渴

鳩自關而東周鄭之郊韓魏之都謂之鵖音郎鷎音臯其

方言　卷八

䳕○玉篇唯辟切鳩謂之鸊鷎自關而西秦漢之閒謂之鵴菊花鳩其大者謂之鳻音班鳩其小者謂之䳕鳩注今荆鳩也○俗本作䳕鳩集韻䳕弋睡切小鳩也或本乎此今從宋本或謂⿰癸鳥音葵鳩或謂之鴀音浮鳩或謂之鶻鳩●廣雅云鶻鵃鷁鳩也又舍人爾雅音云鶻鳩一名鶻鵃今之班鳩皆本此左傳昭十七年正義云非也●戴本謂此一句雜入不倫梁宋之閒謂之鵻●即詩小雅翩翩者雛同一字各本誤作鵻又誤連下條鳲字今依戴本改正

鳲尸鳩注按爾雅即布穀非戴勝也或云鸇皆失之也燕之東北朝鮮洌水之閒謂之鶝鵖○福不兩音○各本鵖作鴔音丕一今從宋本爾雅疏引此亦作鶝鵖自關而東謂之戴鵀東齊海岱之閒謂之戴南南猶鵀也注此亦語楚聲轉也○丁云南

任本一音或謂之鶭鸅注按爾雅說戴鵀下鶭鸅自別一鳥名方言似依此義又失也○按爾雅鶭澤虞郭注今婟澤鳥常在澤中見人輒鳴喚不去有象主守之官因名云今此注鶭鸅當由順文使然否則脫一鸆字或謂之戴鳻或謂之戴勝注勝所以纏紝東齊吳揚之閒謂之鵀自關而西謂之服鶝或謂之鵖鶝○鵖必及反燕之東北朝鮮洌水之閒謂之⿰或鳥音域

蝙蝠邊福兩音自關而東謂之服翼或謂之飛鼠或謂之老鼠或謂之䙴鼠○䙴當僊之省文如漢書律歷志遷字亦省作䙴僊即仙字自關而西秦隴之閒謂之蝙蝠北燕謂之蟙䘃職墨兩音●廣雅蟙作蚮音同又舊本職字皆作軄當是俗寫

方言　卷八　三　抱經堂校定本

鴈自關而東謂之鴚音加鵝●古作駕鵞又作鳴駕鵞廣雅作鳴鵞南楚之外謂之鵝或謂之鶬鴚注今江東通呼爲鴚

桑飛注即鷦鷯也又名鷦鸎自關而東謂之工爵或謂之過鸁音螺或謂之女鴎注今亦名爲巧婦江東呼布母自關而東謂之鸋鴂甯玦兩音注按爾雅云鸋鴂鴟鴞鴟屬非此小雀明矣●自關而東四字重出爾雅疏引作幽人或謂之鸋鴂幽人二字不足憑或字當有自關而西謂之桑飛或謂之⿰蔑鳥爵○各本作懱爵今從宋本詩豳風正義引作襪雀又此下本有言懱截也四字不可曉言或音字之誤也當衍文

鸝黃自關而東謂之鶬鶊注又名商庚○鶬俗本誤創今從宋本自關而西謂之鸝黃注其色黧黑而黃因名之或謂

之黃鳥或謂之楚雀。

野鳧其小而好沒水中者南楚之外謂之鷿鷉音指辟鷉音他奚反。指辟未詳玉篇鷿步覓切鷉天兮切大者謂之鶻蹏滑蹄兩音

守宮秦晉西夏謂之守宮。書有東夏此西夏對彼爲文或謂之蠦蟺盧纏兩音或謂之蜤易。注南陽人又呼蝘蜓。其在澤中者謂之易蜴。音析。此音蜴爲析卷十內亦同爾雅翼引作易蜥埤雅引作易蜥皆與此合唯顏師古注漢書東方朔傳引其在澤中者謂之蜥蜴。當誤記也南楚謂之蛇醫。或謂之蠑螈榮元兩音東齊海岱。埤雅無之閒二字謂之螔蜤斯侯兩音注似蜤易而大有鱗今所在通言蛇醫耳北燕謂之祝蜒音延桂林之中守宮大者而能鳴。疑是大而能鳴者謂之

方言　卷八　四　抱經堂校定本

蛤蠏注似蛇醫而短身有鱗采江東人呼爲蛤蚧音頷頷汝頷人直名爲蛤解音懈誤聲也●案此音在本注中不當分注中蛤蚧音頷頷各本誤作蛤蚖音頭頷戴云廣韻頷頷蛤同音其頷字注云頷頷頤旁今據以訂正又解音懈各本誤作鸛音解今從宋本改正

宛野謂鼠爲䶂音錐○各本作鼸今從宋本注宛新野今皆在南陽

雞雛徐魯之間謂之⿱秋隹子幽反●各本誤分秋侯二字戴据廣雅校改子注徐今下邳僮縣東南大徐城是也

輶軒使者絕代語釋別國方言第八

# 輶軒使者絕代語釋別國方言第九

戟楚謂之釨【注】取名於鉤釨也。●各本正文作子本左氏傳今依宋本作釨與子同

凡戟而無刃秦晉之間謂之釨或謂之鏔●音寅各本脫音宋本有

吳揚之間謂之戈東齊秦晉之間謂其大者曰鏝胡泥鏝其曲者謂之鉤釨鏝胡【注】即今雞鳴句子戟也

三刃枝【注】今戟中有小子刺者所謂雄戟也○刺七賜反

南楚宛郢余整反○各本誤余正反今從宋本謂之匽音偃戟【注】郢今江陵也其柄自關而西謂之柲音祕或謂之殳音殊

矛●楊倞注荀子議兵篇引有自關而西謂之矛七字今無之吳揚江淮南楚五

湖之閒謂之鍦嘗蛇反●案鍦與鉈同說文鉈食遮切注五湖今吳興太湖也先儒處之多亦不了所未能詳者○俗本脫處字又不了二字作有今從宋本或謂之鋋音蟬或謂之鏦錯江反注漢書曰鏦殺吳王其柄謂之矜注今字作穫巨巾反○矜各本誤作鈐注穫誤從木旁作槿案賈誼過秦論鉏櫌棘矜史漢注皆云矜亦作穫今據改正

箭自關而東謂之矢江淮之閒謂之鍭音侯關西曰箭注箭者竹名因以爲號

鑽謂之鍴音端

矜謂之杖注矛戟穫卽杖也

剱削自河而北燕趙之閒謂之室自關而東或謂之

廓或謂之削自關而西謂之韓方婢反○案詩及左傳作鞞補頂反

盾自關而東或謂之瞂音伐或謂之干【注】干者扞也關西謂之盾

車下鉄陳宋淮楚之閒謂之畢大者謂之綦音忌【注】鹿車也○戴云案此言維車之索故郭璞注云鹿車也前卷五內維車東齊海岱之閒謂之道軌廣雅云道軌謂之鹿車各本鉄訛作鐵非也玉篇云鉄索也古作鉄據此紩乃本字鉄卽其假借字考工記天子圭中必鄭注云必讀如鹿車縪之縪謂以組約其中央爲執之以備失隊圭中必爲組鹿車縪爲索其約束相類故讀如之縪畢古通用大者謂之綦各本別爲一條又改者作車今訂正

車轊于厲反○俗轊字說文本作軎【注】車軸頭也齊謂之轆●史記田單列傳索隱引【注】又名轆作籠通

方言卷九

車枸簍音鏤○俗本音縷今從宋本注即車弓也宋魏陳楚之閒謂之篏音巾幗注今呼車子弓爲筱或謂之䈯籠穹隆兩音其上約謂之箹音瓜瓝注即奄帶也或謂之箕音覓○俗本音脈今從宋本戴本音覛云從曹毅之本亦與覓音同秦晉之閒自關而西謂之枸簍西隴謂之𣛮即畚字薄晚反南楚之外謂之篷注今亦通呼篷或謂之隆屈注屈尾○案屈本作屈說文無尾也今此云屈尾蓋訓屈爲尾也俗本到作尾屈今從宋本

輪注車輅也韓楚之閒謂之軑音大或謂之軝音祗注詩曰約軝錯衡關西謂之輚音揔

輨牛忿反謂之軸

轅楚衞之閒謂之輈張由反

箱謂之輫音俳

軫謂之枕注車後橫木

車紂自關而東周洛韓鄭汝潁而東謂之緻音秋●緻廣雅作䋺亦見考工記鄭注或謂之曲綯注綯亦繩名詩曰宵爾索綯或謂之曲綸音倫注今江東通呼索綸自關而西謂之紂

輨音管軑音大鍊鏅也鍊音東鏅音度果反○鍊當即說文之鐗車軸鐵也音諫此音東誤鏅宋本省作鏅下同各本脫也字宋本有關之東西曰輨南楚曰軑趙魏之閒曰鍊鏅

方言 卷九

車釭齊燕海岱之間謂之鍋音戈或謂之錕衮自關而西謂之釭盛膏者乃謂之鍋

凡箭鏃胡合嬴者注胡鏑在於喉下嬴邊也四鐮注廉稜也。廉各本作廣誤李善注潘岳閒居賦引作鎌稜也或曰拘腸●拘古侯反廣雅作鉤古通用三鐮者謂之羊頭其廣長而薄鐮謂之錍普蹄反或謂之鈀。音葩注江東呼鎞箭●各本脫注以箭字為正文別起連下其小而長為一條戴本据廣韻補注今從之戴本正文鈀字下有箭字今案郎注中箭字誤遺耳不當有下文從戴本不別起其小而長中穿二孔者謂之鉀鑪。嗑嚧兩音注今箭錍鑿空兩邊者也其三鐮長尺六者謂之飛䖟注此謂今射箭也●尺六李善引作六尺太長不宜射今不從禸。說文人九切者謂之平題注今戲射箭頭題猶羊頭也所以藏箭弩謂之箙注盛弩箭器也外傳曰檿弧箕箙弓謂之鞬犍牛或謂之韇丸牛犢●各本丸誤作凡又誤在下條之首今從戴本改正矛骹細如鴈脛者謂之鶴厀注今江東呼爲鈴釘○案說文鈴下云令丁也各本此注作鈴釘誤今改正有小枝刃者謂之鉤釨矛或謂之釨●各本此句矛字起別爲一條下三句亦分三條今依戴本訂正錟音聃○宋本冄音謂之鈹音彼注今江東呼大矛爲鈹骹謂之銎音凶注即矛刃下口鐏音頓謂之釬音扞○案近代字書引此作釬音于今從宋本說文釬臂鎧也又別是一物無釬字注或名爲鐓○案說文鐏矛戟柲下銅鐏也徒對切又有鐓字都回切義不同然曲禮上即作鐓字當可通用

舟自關而西謂之船自關而東或謂之舟或謂之航
行南楚江湘凡船大者謂之舸（姑可反）小舸謂之艖（音叉）
伍【注】今江東呼艖小底者也艖謂之艒⿰舟宿（目宿二音）小艒⿰舟宿
謂之艇【注】⿰舟同也艇長而薄者謂之艜（衣帶）短而深者謂
之⿰舟符（音步）【注】今江東呼艖⿰舟符者小而深者謂之梁（音邛竹）
【注】即長舼也東南丹陽會稽之閒謂艖爲欚（音禮）泭（音敷）
謂之箄箄謂之筏（音伐）筏秦晉之通語也江淮家居箄
中謂之薦（音箭○各本誤作音符今從宋本改）方舟謂之潢（音橫）【注】揚州
人呼渡津舫爲杭荆州人呼潢（○注舫各本誤作航又杭潢二字宋本與
廣韻正相合戴互易之誤）艁舟謂之浮梁【注】即今浮橋（●廣雅艁作造古通）

用李善注潘岳閒居賦引方言亦作造舟楫謂之橈如寮反或謂之櫂注今云櫂歌依此名也所以隱櫂謂之䉛音槳○宋本音獎注搖樐小橛也江東又名爲胡人所以縣櫂謂之緝音七宋本無音別本有注繫櫂頭索也所以刺○七亦反船謂之橋音高維之謂之鼎注繫船爲維首謂之閣閭注今江東呼船頭屋謂之飛閭是也或謂之艗音亦艏注鷁鳥名也今江東貴人船前作青雀是其像也○案艗艏與廣雅同本當作鷁首後曰舳音軸注今江東呼柂爲舳舳制水也偽音訛謂之仡吾敎反注船動搖之皃也○偽玉篇作僞于詭切戴本從之今案尚書堯典平秩南訛周禮馮相氏注漢書王莽傳俱作南僞韋昭讀爲從訛訛與此正同今人呼爲划郎訛之轉音也不

方言卷九　五　抱經堂校定本

方言　卷九

當從玉篇伔不安也○戴本分泭謂之篺起爲一條改作僞又分楫謂之橈起爲一條今仍舊本不分戴又從曹毅之本伔作抏案抏伔義同今從衆家本

# 輶軒使者絕代語釋別國方言第九

影宋本媱俗寫䍃每从缶

入韵……陽……下引亦作婬……

段云四字不必改又云覃似長

戴改譚無據

遝古詞李從文

李有或字

劉云嬗當作獪

入韵四見玉篇一見廣韵再見

郭不當以偆慨释悸字廣韵入劉氏

劉云戴校非當作恐悍多智也段云

劉云……又云……

# 輶軒使者絶代語釋別國方言第十

媱●舊誤作婬今据廣雅改曹憲音遥愓音羊遊也江沅之間謂戲爲媱或謂之愓或謂之嬉香其反

曾訾何也湘潭音覃一音淫●各本誤作音潭亦曰淫今從宋本之原注潭水名出武陵荆之南鄙謂何爲曾或謂之訾注今江東人語亦云訾爲聲如斯若中夏言何爲也

央亡●廣雅作鞅罔曹憲音上烏郎反下音罔嚜屎嚜音目屎丑夷反○案列子力命篇作墨屎姡胡刮反獪也江湘之間謂之無賴●張湛注列子引方言江湘作江淮顏師古注漢書高祖紀語亦同史記集解又作江湖各本之閒下有或字宋本無今從之或謂之㺒恪交反注㑛佷多智也●玉篇㑛佷鬼黠也㑛楚洽切佷丑葉切舊本作恐

劉云當作獪

王云眩當爲眡

方言 卷十

恑誤今從戴本改正凡小兒多詐而獪謂之央亡或謂之嘿杘注嘿杘潛潛狡也○似衍一潛字或謂之姡注言黠姡也姡娗也注言恫娗也○當與挏挺音同或謂之猾音滑皆通語也

崽者子也崽音枲聲之轉也湘沅之會音獪注兩水合處也凡言是子者謂之崽聲如宰若東齊言子矣○舊本聲如宰在此下誤崽有宰音若予自讀本字

誺音癡眩江東曰咨此亦癡聲之轉也○案誺戴本改作誺引玉篇誺不知也丑脂丑利二切誺同上又力代切誤也以六書諧聲考之誺從言桼聲可入脂至二韻誺從言來聲應入代韻不得入脂至韻故訂正作誺今案戴說非也左傳宣二年于思于思棄甲復來陸德明釋文云來力知反又如字以協上韻西才反又詩邶終風惠然肎來陸云古協思韻多音梨又案素問恬澹虛無眞氣從之精神內守病安從

來來協之正與此音癡同韻安在從來之非而從桼之是乎音癡眩各本誤作音瘢眩今從宋本改正下癡舊本誤作如戴本改知亦未是今案癡字俗作痴而脫其畫耳故從上定作癡字不知也沅澧音禮之間注澧水今在長沙凡相問而不知荅曰誺使之而不肎荅曰吂音茫注今中國語亦然粃不知也注今淮楚閒語呼聲如非也

煤呼隗反火也楚轉語也猶齊言焜音毀火也

嘳音蒯●案說文即喟字無寫憐也注皆南鄙之代語也●南鄙俗本作秦漢誤今從宋本改正沅澧之原凡言相憐哀謂之嘳或謂之無寫江濱謂之思注濱水邊也皆相見驩喜有得亡之意也九嶷湘潭之閒謂之人兮注九嶷山名今

在零陵營道縣●案鄭注禮記中庸仁者人也云人讀如相人偶之人又注表記引公羊傳執未有言舍之者此其言舍之何人也意皆與此人今相合鄭所引公羊在成十六年何休本人也作仁之也

婩魚踐反●張湛注列子力命篇引字林云婩齊也嬇音策鮮好也南楚之外通語也

囒哰闌牢二音謰謱上音連下力口反拏奴加反也注言諸拏也●說文拏牽引也又諸拏羞窮也東齊周晉之鄙曰囒哰囒哰亦通語也注平原人好囒哰也南楚曰謰謱或謂之支註支之豉反註音注或謂之詀謕上託兼反下音啼轉語也拏揚州會稽之語也或謂之惹汝邪反一音若注言情惹也或謂之䛳注

言誣詑也○誣舊作誣

亄音懿嗇○嗇本字貪也注謂慳貪也荆汝江湘之郊凡貪

而不施謂之亄注亦中國之通語或謂之嗇或謂之

悋悋恨也注慳者多惜恨也○惜各本誤作情今從宋本

遙窕淫也九嶷荆郊之鄙謂淫曰遙○案郊字疑或是郢字之誤

注言心遙蕩也沅湘之閒謂之窕注窈窕冶容●案此注

引窈窕非也楊倞注荀子禮論篇窕冶讀爲姚冶妖美也當從楊讀

潛涵音含或古南反沈也楚郢以南曰涵或曰潛潛又游也

注潛行水中亦爲游也

家音寂○宋本音寂二字在下家字下今移此各本皆缺音楚辭遠遊野家漠其無人莊子大宗師其

方言　卷十　三　抱經堂校定本

方言卷十

容家陸氏釋文云本亦作寂崔本作家又郭象注齊物論云槁木取其家莫無情耳釋文家音寂漢和平時張公神碑畺界家靜延熹時成皋令任伯嗣碑官朝家靜是家字其來已古戴本以爲譌字改作宋太泥今仍從宋本

安靜也江湘九嶷之郊謂之家

拌音伴又普槃反棄也楚凡揮棄物謂之拌或謂之敲恪校反○各本作恪交反今從宋本注今汝潁閒語亦然或云撅也淮汝之閒謂之投注江東又呼撅音蹷●案廣雅廾擻投棄也曹憲音釋擻苦孝苦交二反與此敲字異音義同方言各本投譌作役今改正注呼撅各本譌作呼撅今從戴本改正各本音蹷下有又音狗音豰五字宋本無戴本改作又音揞引廣韻揞吳人云拋也於陷切爲證

詠慇也注詠譖亦通語也楚以南謂之詠

戲音羲○各本作音義今從宋本戴本云戲歇一聲之轉泄●本亦作渫唐避諱作洩歇也楚

謂之戲泄句奄●本亦作掩息也楚揚謂之泄

攓音蹇一音騫○各本作音騫一曰騫宋本作音蹇一曰騫案音蹇與卷一內音合下當作一音騫賈誼新書俗激篇攓兩廟之器亦讀從騫今据改正取也楚謂之攓

昲音費○各本誤音曬今從宋本曬乾物也揚楚通語也注亦皆北方通語或云瞟○通語戴從永樂大典本作常語耳瞟匹妙反

棐音斐卒也注謂倉卒也江湘之間凡卒相見謂之棐相見或曰突他骨反

迹迹屑屑不安也注皆往來之皃也江沅之間謂之迹迹秦晉謂之屑屑或謂之塞塞或謂之省省不安之語也

補 翥䎗 据廣韵音引補

瀾沭瀾音閑○沭音術各本誤作沐今從宋本佂伀遑遽也江湘之間凡窘猝怖遽●廣雅作怖懅音義同謂之瀾沭注喘喈皃也或謂之佂伀

翥舉也注謂軒翥也楚謂之翥

忸怩慙歰也注歰猶苦者○注者疑本作也慙歰猶今言羞澀楚郢江湘之間謂之忸怩或謂之噁咨子六莊伊二反●戴云忸怩噁咨並雙聲莊伊莊字乃類隔改音和爲卽伊反

垤封場也楚郢以南蟻土謂之封●各本作謂之垤戴据太平御覽及吳淑事類賦注作封今從之垤中齊語也

謫音讀亦音適罪罰也過也注謂罪過也南楚以南凡相非議

入謂之譎或謂之𧦝血脈𧦝又慧也【注】今名黠鬼𧦝●徐爰注潘岳射雉賦引此注俗謂黠爲鬼脈爲字或省去耳

腆兄也荆揚之鄙謂之腆桂林之中謂之䵋皆音義所未詳○六字舊在兄也下今案當在此宋本皆字作此

謇極吃也楚語也【注】亦北方通語也●謇極列子力命篇作謇極

或謂之軋烏八反【注】鞅軋氣不利也或謂之歰【注】語歰難也今江南又名吃爲喋若葉反○各本若誤作若今從宋本

呰昨啓反○案漢書地理志呰窳偷生如淳曰呰或作鴜師古曰呰短也据此則呰與下鴜可互見不必定從一

矲蒲楷反短也江湘之會謂之呰凡物生而不長大亦謂之鴜又曰瘠音薺莱【注】今俗呼小爲瘠○瘠正字當作

方言　卷十

嫷蓋齊古文作亝因而訛耳舊本如此姑仍之玉篇嫷在細反桂林之中謂短矲注言矲䂢也●䂢苦駭反舊本誤作偕案廣韻矲䂢短也今訂正矲通語也東陽之間謂之㾈注言俯視之因名云

鉗注鉗害又惡也疲妨反反注疲恎惡腹也憋妨滅反注憋怤急性也●列子力命篇憋懯張湛注憋音敷懯怤音義同惡也南楚凡人殘罵謂之鉗注殘猶惡也又謂之疲

癡騃吾駭反也揚越之郊凡人相侮以爲無知謂之眲諾革反●列子黃帝篇子華之門徒顧見商邱開年老力弱面目黎黑衣冠不檢莫不眲之張湛注引此侮上有輕字眲耳目不相信也注因字名也或謂之斫斫卻○斫卻當時語故以爲音杜詩斫卻月中桂必有所本注斫頑直之皃今關西

語亦皆然

惃衮衣○廣韻古渾切慜音教頓愍○舊本作愍或是省文非闕避唐諱惛也注謂迷昬也楚揚謂之惃或謂之慜江湘之間謂之頓愍注頓愍猶頓悶也或謂之氐惆丁弟丁牢二反南楚飲毒藥懣謂之氐惆亦謂之頓愍猶中齊言眠眩也●書瞑眩同愁恚憒憒毒而不發謂之氐惆注氐惆猶懊憹也○懊憹出素問憹乃董反一云卽懊嫋字

悅舒蘇也注謂蘇息也楚通語也

眠娗莫典塗殄二反○各本塗誤作涂今從宋本脈蜴音析○案劉熙釋名云哌摘猶譎摘也當卽此賜施輕易茭媞恪校得懈二反○各本校作交今從宋本譠謾託蘭莫蘭二反

方言卷十

㥦忚（麗醯二音）皆欺謾之語也楚郢以南東揚之郊通語也（注）六者亦中國相輕易蚩弄之言也○（亦字各本皆脫今從宋本補）

𩓨（音旃裘）頟顏顙也江湘之間謂之𩓨（注）今建平人呼頟為𩓨中夏謂之頟東齊謂之顙汝潁淮泗之間謂之顏

頷頤頜也（注）謂頷車也南楚謂之頷（注）亦今通語爾秦晉謂之頜頤其通語也

紛怡喜也湘潭之間曰紛怡或曰巸巳（嬉怡二音）

𨛘（酒酣）或也沅澧之間凡言或如此者曰𨛘如是（注）亦

段云此亦是見踪記補 劉同

一切廿二卅ㄅ作名草曰卉也 六七揚以木下四字同廿三

劉云當作欺慄

王云當作撞秘 撞與撞通 西京賦云又蕤之所撓捎徒搏之所撞

五四十ㄅ校宋板手

此憨聲之轉耳○亦此二字各本到今從宋本戴云此亦憨三字有舛誤漸憨語輕重異耳當是亦言憨

愮音曜廣雅作搖●案療治也江湘郊會謂醫治之曰愮注俗云厭愮病愮又憂也注博異義也或曰療

𦋺凶位反莽嫫母○俗本有反字案卷三內無荞讀莽如嫫母之母後人妄增反字非也今去之草也東越揚州之間曰𦋺南楚曰莽

悈鰓悈音亙悈鰓音魚鰓○悈宋本作悈亙悈當時語猶言亙謹讀若棘乾都乾音干耇音垢革老也注皆老者皮色枯瘁之形也皆南楚江湘之間代語也注凡以異語相易謂之代也

抋攩抋●張湛注列子黃帝篇攩抋挨抌抋音蒲結反又扶畢反此音攩抋當如湛音宋本作神祕各

方言 卷十 七 抱經堂校定本

本作揰㧙皆誤殷敬順列子釋文㧙音扶閉反亦非祕音抌都感反亦音甚推也●張湛注列子引方言抌擊背也今無疑湛誤記南楚凡相推搏曰㧙或曰揔苦骨反

沅涌浼音扶幽之語注浼水今在桂陽涌水今在南郡華容縣也或曰㩜音晃注今江東人亦名推爲㩜

食閻音鹽慫慂上子竦反下音涌勸也南楚凡己不欲喜而旁人說之不欲怒而旁人怒之謂之食閻或謂之慫慂

欸音醫或音塵埃䜭烏兒鷖然也南楚凡言然者曰欸或曰䜭

緤末紀緒也南楚皆曰緤音辥或曰端或曰紀或曰末皆楚轉語也

䁖音揔䫉音麗闚貼敕纖反占覘○各本作伺今案下文作覘此處正文亦必爾或本作

一切七引凡相伺闚作窺

音伺候二字而文脫耳廣雅亦作覗今据改正覗也凡相竊視南楚謂之闚或謂之睃或謂之貼或謂之占或謂之𥈒𥈒中夏語也【注】亦言睩也。睩宋本作睞字書無此字玉篇睩力佳切視也戴云睩𥈒亦一聲之轉今從之或疑睞與𥈒聲亦相近闚其通語也自江而北謂之貼或謂之覗凡相候謂之占占猶瞻也

⿰多邑惡孔反⿰多農奴動反。⿰多邑⿰多農一音於容女容二反晠多也南楚凡大而多謂之⿰多邑或謂之⿰多農凡人語言過度及妄施行亦謂之⿰多農

抯相黎。黎摣仄加反●各本仄誤亦梨字摣作以今据玉篇改正取也南楚之閒凡取物溝泥中謂之抯或謂之摣

一切廿引摣取也

方言　卷十

伃音汎僄飄零音匹妙反○亦輕也楚凡相輕薄謂之相伃或謂之僄也

卷終

輶軒使者絕代語釋別國方言第十

# 輶軒使者絕代語釋別國方言第十一

蛥蚗蛥音折蚗于列反一音玦○丁云詩蛥蟧折閱此蛥蚗音同字異齊謂之螇螰螇鹿二音楚謂之蟪蛄注莊子曰蟪蛄不知春秋也或謂之蛉蛄蛉音零秦謂之蛥蚗自關而東謂之虭蟧貂聊二音或謂之蝭蟧蝭音帝●爾雅疏同一本作音啼或謂之蜓蚞廷木二音西楚與秦通名也注江東人呼蟂蟧○宋本作蟟蟧

蟬楚謂之蜩音調宋衛之間謂之螗蜩注今胡蟬也似蟬而小鳴聲清亮江南呼螗蛦陳鄭之間謂之蜋蜩蜋音良秦晉之間謂之蟬海岱之間謂之蟜音技注齊人呼為巨蟜其大者謂之蟧或謂之蝒馬注按爾雅云

蛹者馬蜩非別名蛹馬也此方言誤耳其小者謂之麥蚻【注】如蟬而小青色今關西呼麥蠽音癰癤有文者謂之蜻蜻【注】即蚻也爾雅云耳●郭注爾雅蚻蜻蜻云如蟬而小方言云有文者謂之蠀案謂之蠀三字疑誤衍否則上有脫文詩衛風鄭箋云蠀謂蜻蜻也其螐蜻謂之疋祖一反○螐宋本作蚍亦作蚻字音咨今杭人呼蚻蜩者意即此螐各本又誤疋今改正大而黑者謂之䗃音棧黑而赤者謂之蜺雲霓蜩蟧謂之蠚蜩【注】江東呼爲蠚蠽也軈音應謂之寒蜩寒蜩瘖蜩也【注】按爾雅以蜺爲寒蜩月令亦曰寒蜩鳴知寒蜩非瘖者也此諸蟬名通出爾雅而多駮雜未可詳據也寒蟬螿也似蟬而小色青○似蟬而小各本小字在似字下誤今從宋本改正

蛄諸謂之杜蛒音格〇諸各本作詻爾雅疏作諸皆誤今從宋本螻螲音窒塞謂之螻蛄或謂之蟓蛉象鈴二音南楚謂之杜狗或謂之蛞螻〇

蜻蛚精列二音〔注〕即趨織也〇趨音促楚謂之蟋蟀或謂之蛬音鞏〔注〕梁國呼蛬〇各本俱作梁園今從戴本南楚之間謂之蚟孫一作絲〇案廣雅蚟孫與此同宋本有一作絲三字當是後來校者所加孔云當作蛵絲即絡緯也

螳螂謂之髦〔注〕有斧蟲也江東呼爲石蜋又名齕朧〇禮記月令正義作食厖藝文類聚作食朧皆同朧舊作肬誤或謂之虰〔注〕按爾雅云螳螂蛘虰義自應下屬方言依此說失其指也或謂之蛘蛘音羊〇案音羊二字舊誤在下條今移此蛘蛘廣雅作芊芊

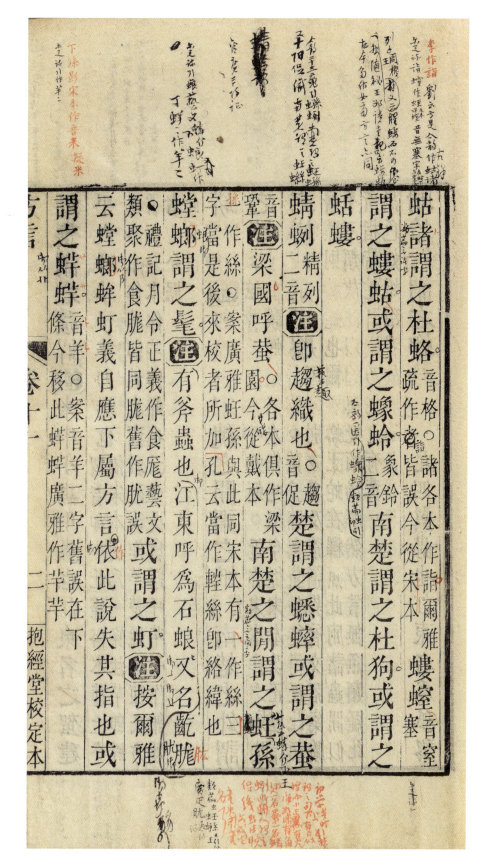

方言　卷十一

姑䗅謂之強蚌注米中小黑甲蟲也江東名之蛪建平人呼芊子芊卽蚌也蛪音加○此條俗本連上今依宋本別爲一條注芊卽蚌也各本作芊卽姓也爾雅疏改作芊楚姓也陳氏方言類聚本作芊卽蚌也云今吳會通呼芊子作卽姓者訛今据此改正

蟒莫鯁切注卽蝗也宋魏之閒謂之蚮音貣南楚之外謂之蟅蟒蟅音近詐亦呼虴蜢○近詐宋本作之詐誤虴蜢俗本作吒咟今從宋本改正或謂之蟒或謂之螣音滕●戴云螣與蛍並徒得反此類不定別立名及強讀異音文弨案螣音滕則螣蛇也爾雅蟒王蛇在釋魚此廁諸蟲閒似乎不類故注以蝗與虴蜢爲解然方言無魚類疑此所指皆蛇耳蚮乃蛇之有黃黑色如蚮瑁者故以爲名

蜻蛉音靈謂之蝍蛉注六足四翼蟲也江東名爲狐黎

淮南人呼蠊蛜（蠊音康 蛜音伊）

舂黍謂之䗥蝑（䗥音蔥 蝑音思沮反○蔥各本作藂 思各本作壞戴本改牆今竝從宋本）注又名蚣䗥江東呼虴蛨○虴蛨詩釋文作虴蜢今案虴蛨即虴蜢也

蠀蠾（即踧二音）謂之蚇蠖（烏郭反）注又呼步屈●太平御覽引郭注云尺蠖又呼步屈其色青而細小或在草木葉上今螺蠃所負爲子者此二十字今注無之當是脫去耳御覽有字即又之譌

蠭燕趙之閒謂之蠓螉（蒙翁二音）其小者謂之蠮螉（音鞕噎○蠮亦作螠舊本誤作蠮字書無今改正）注小細腰蠭或謂之蚴蜕（幽稅二音○稅俗本作悅今從宋本）其大而蜜者謂之壺蠭注今黑蠭穿竹木作孔亦有蜜者或呼笛師○各本正文蜜下脫者字今依宋本增入

方言　卷十一　三　抱經堂校定本

段云改羋非　劉云當作羊

段云羋氣無兩本誤字耳不可從　劉云當仍應作蠅

事类賦卅八引下文蚼作玄駒　弟三句蟒

段云蚳茦氏氣六誤　劉同

方言　卷十一

蠅東齊謂之羋【注】此亦語轉耳今江東人呼羋聲如蠅凡此之類皆不宜別立名也○蠅从虫黽聲古讀當近閩與楚姓之羋聲相近故郭謂不宜別立名若以爲牛羋之羋聲雖可轉物類太懸殊矣齊乃叅之訛但舊本竝如是隸釋載漢碑有齊字陳楚之閒謂之蠅自關而西秦晉之閒謂之羋○末羋字舊本仍作蠅誤戴本作羊今定作羋字

蚍蜉毗浮二音【注】亦呼蟞蜉○蟞匹結反齊魯之閒謂之蚼蟓駒養二音西南梁益之閒謂之玄蚼【注】法言曰玄駒之步是燕謂之蛾蛘蟻養二音【注】建平人呼蚔音侈○案太平御覽引方言此句下有楚郢以南蟻土謂之封九字案見卷十內其場謂之坻直尸反或謂之垤【注】亦名冢也○坻與前卷六垤與前卷十互見非脫簡也

蠀螬謂之蟦蟦翡翠○案蟦音翡翠之翡俗本下有反字係誤衍自關而東謂
之蝤蠀蝤酋蠀餈二音或謂之蚕蠋蚕書卷蠋又音蜀○之欲反或謂之蝖螜
蝖螜喧斛二音注亦呼當齊或呼地蠶或呼蟦蝖○地蠶廣雅作地蠶蠶亦
蠶字見篇海宋本作蠶各本作蠶梁益之閒謂之蛒蛒音格或謂之蝎○胡
葛反或謂之蛭蛒蛭音質秦晉之閒謂之蠹或謂之天螻
注按爾雅云螜天螻謂螻蛄耳而方言以爲蝎未詳
其義也四方異語而通者也
蚰蜒由延二音○宋本作蚰蜒案蚰蜒今人到呼蜒蚰見爾雅翼自關而東謂之螾
蜓螾音引或謂之入耳或謂之蜧○音蠬二音麗○宋腸本音商趙
魏之閒或謂之蚨虶扶于二音北燕謂之䖡蚭䖡奴六反蚭音尼

方言　卷十一　四　抱經堂校定本

方言 卷十一

注 江東又呼蛩音鞏

鼅鼄知株二音○鼅鼄各本省作鼅通志昆蟲略引此不省今從之鼄蝥也音務○俗本作音無今從宋本自關而西秦晉之間謂之鼄蝥注今江東呼蝃蝥音掇自關而東趙魏之郊謂之鼅鼄或謂之蠾蝓燭臾二音●爾雅疏引作蠾蝓與廣雅同蠾蝓者侏儒語之轉也北燕朝鮮洌水之間謂之蝳蜍音毒餘注齊人又呼社公亦言罔工●罔工各本誤作周公今依廣雅及爾雅疏改正

蜉蝣浮由二音●夏小正作浮游詩作蜉蝣秦晉之間謂之蟝𧑓注似天牛而小有甲角出糞土中朝生夕死●爾雅作渠略

馬蚿音弦北燕謂之蛆蟝蝍蛆其大者謂之馬蚰音逐注今

關西云

輶軒使者絕代語釋別國方言第十一

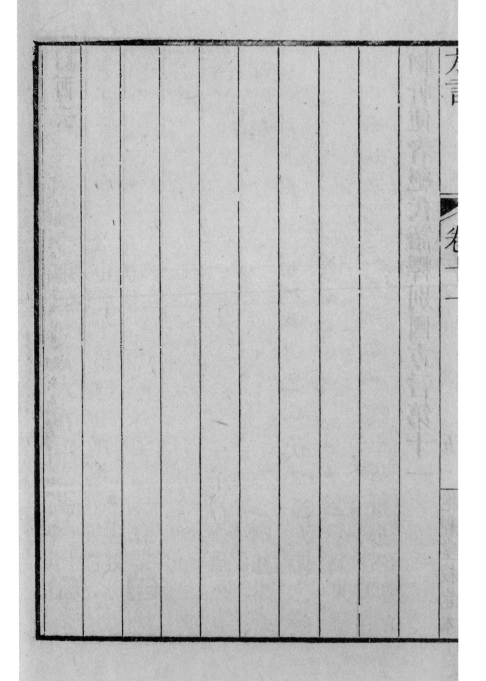

# 輶軒使者絶代語釋別國方言第十二

爰喛音段◐曹憲音廣雅引方言云音叚叚卽段字見篇海宋本作音喚似誤哀也注喛哀而恚也●案爰喛恚也見前卷六內

儒輸愚也注儒輸猶儒撰也○儒撰各本誤作儒撰戴云儒輸儒撰皆疊韻楊倞注荀子脩身篇所引尚不誤儒讓犬反撰士免反文弨案漢書西南夷傳作選耎息兗人兗二反後漢書西羌傳作選儒音義並與儒撰相近

㥲諒知也●知廣雅作智古智字曹憲音釋㥲音爰

拊音府●廣雅曹憲音方于反撫●廣雅作舞疾也注謂急疾也

悲音翡◐各本作菲宋本作悲與廣雅同今從之戴云應卽不悱不發之悱惄悵也注謂

惋惆也

段云直六宋本依廣韵及劉云宋本非

段云逡也乃逡之音非逡循之注移在下誤 劉同

方言　卷十二

鬱巸音怡●各本作熙戴據廣雅改正今從之長也注謂壯大也

媌孟姊也注外傳曰孟啖我是也今江東山越閒呼姊聲如市此因字誤遂俗也媌音義未詳●曹憲音廣雅媌所交反玉篇作

嫛音同廣韻嫛字下注云齊人呼姊

築直六反廣雅作妯○俗本作度六反誤今從宋本改正娌匹也注今關西兄弟婦相呼爲築里○宋本亦作娌娌耦也

䃸音盈裔習也注謂玩習也

躔度展反逡循逡巡也○宋本循作㣼案逡巡二字舊本在逡字下誤今移正逡循卽逡巡見晏子春秋問下篇說苑善說篇林既逡循漢書游俠傳萬章逡循甚懼外戚傳逡循固讓又作逡遁音義亦同也躔歷行也注躔猶踐也日運爲躔月運爲逡注

劉云梲當作捝說文从手為是

廣韵

李作許渴　李作竭

劉云曰气越泄四五字乃歇字注非涸字注也泄气之云与涸義無干
部盖音泄气之泄
殷云宋本依廣韵改匠而不改女
下方逸出古意　劉曰宋本非

運猶行也

逭音換亦管反遁陽六轉也逭遁步也注轉相訓耳

⿺辶羑虞望也注今云烽火是也●案李善注班固西都賦引此注無云字

揄堉脫也●舊本誤作揄楕戴從廣雅改正李善注枚乘七發亦引作揄

解輸梲也注梲猶脫耳○案荀子禮論篇凡禮始乎梲大戴禮及史記皆作脫是梲與脫同也說文從手

賦與操也注謂操持也

盝音鹿歇泄气○气古氣字說文涸字注一曰气越泄合涸音鶴也注謂渴也

潎匹計反○各本作妨計反今從宋本澂音澄清也

逯音鹿亦錄遡音素行也

段云貇土當作豸旁依劉同

劉云今韵侗胴直皃則二字疊韵也



貇牧司也貇力也注耕貇用力牧飤也注謂放飤牛馬也監牧察也

雚音歡始也雚化也注別異訓也

鋪妨孤反脾止也注義有不同故異訓之○戴云此葢釋詩匪安匪舒淮夷來鋪之義鋪與脾一聲之轉

攘掩止也

幕覆也

侗他動反胴挻挏狀也注謂形狀也

㞢○說文㞢從小乀聲曹憲音廣雅㞢子列反孫奭孟子音義告子下匹雛丁作㞢雛云案注云㞢雛小雛也引方言正作㞢舊本並誤作疋今改正

杪小也注樹細枝爲杪也

肩往勞也【注】肩肩往來皆劬勞也

肩恎王相獪市儈○案此亦取音同也

皦音皎○皦各本作皦今從宋本廣雅作皎烓口類反明也

漆今作湊將威也

嫣居為反娗音挺僈博丹反也【注】爛僈健狡也○僈舊本作傷即僈字戴本改作傷讀為爛㜲字書所未聞不若讀爛僈為爛漫猶近之

儇虔謾莫錢反也【注】謂惠黠也○案惠與慧通

佻音糶疾也【注】謂輕疾也

鞅侼音教強也【注】謂強戾也鞅侼懟也【注】亦為怨懟鞅猶怏也

方言　卷十二　三　抱經堂校定本

段云末亦有隨義不可據廣之改

劉云驕怚怚說文將豫切今韻亦收惟模韻宗蘇切訓劇

劉云當作杼與注同宋非

段云栽作杼亦戢杼井見說

文觳字注渫字音所無乃渫下

文𤸫字所誤

段云劉采

方言 卷十二

追末●各本誤作未今從廣雅改正隨也

僉怚音驕怚○驕怚當即驕姐音組稽康幽憤詩云恃愛肆姐不訓不師劇也注謂勤

劇僉黟音禍也注僉者同故爲黟

夸烝婬也注上婬爲烝○本亦作蒸

朏顮音頻懣也注謂憤懣也○說文朏房脂切人臍也顮疑與大戴禮本命篇朞而生臏之臏同皆謂陽痺憤盈也

焭●案說文唯有煢字渠營切云回疾也激清也

紓音舒逷●古退字緩也注謂寬緩也

清躡急也

杼杼渫○杼與抒通用杼渫俗本作杼井宋本作杼渫乃杼渫之誤也見廣韻若杼井之云於義甚僻

李氏廣韻之疑改音而又誤為楔了

詩大雅生民篇毛傳云揄抒臼也此甚著胡以不引**癒**胡計反**解也蒇**音展**蹇解也**注蒇訓敕復言解錯用其義○案左氏宣十七年傳庶有豸乎杜注豸解也正義曰方言文釋文作庶有鳩乎云徐音豸直是反解也本又作豸或音居牛反非也鳩解音蟹此訓見方言案正義與釋文皆云出方言而今本無之卷十三內兩解也皆佳買反姑附見於此

**柢**音觸抵**柲刺也**注皆矛戟之𦰡所以刺物者也●柢廣雅作扭即抵字柲作㧙廣韻作撻云亦作㧙

**倩茶借也**注茶猶徒也

**僁朴**劈歷打撲二音**猝也**注謂急速也

**麋黎老也**注麋猶耆也●案耆黎老也已見卷一耆麋黎黎實同一字此複出

**萃離待也**●萃廣雅作崪待各本誤作時今亦据廣雅改正

劉云當作石物名

眼云眼不誤　劉云眼乃目病非明之訓作眼爲近



漢⿱赤㣺怒也○⿱赤㣺乃赫之變體集韻收之以其相沿已久各本皆如此無妨仍之⿱赤㣺發也

謣呼瓜反吁音于然也注皆應聲也

猜忦○玉篇古黠切恨也

艮磑五碓反堅也注艮磑皆名石物也○舊本名石到今依戴本移正

炅音淫眼●音亮各本竝誤作眼戴据永樂大典改明也注炅光也○炅各本誤作炗今從廣雅改正說文炅直廉切小熱也詩曰憂心炅炅詩釋文於小雅節南山篇如惔云說文作炅才廉反皆與此音義不同

⿱伏心音數愉悅也注⿱伏心愉猶呴愉也●漢琵調曲隴西行好婦出迎客顏色正數愉與此⿱伏心愉同

卽圍就也○禮凡言一就皆謂一帀故以圍爲就舊本脫也字今依戴本補卽半也

即一作助

慖怞中也注中宊爲忡忡惱怖意也

薵蒙覆也薵戴也注此義之反覆兩通者薵字或作燾音俱波濤也●廣雅薵作幬今之幬字蒙作幏說文本作冡與冡別

堪輂音釘鋦○宋本作封局載也注輂轝亦載物者也

搖祖上也祖搖也祖轉也注互相釋也動搖即轉矣○搖之爲上如風從下上上者謂之扶搖是也祖之訓上義亦易明唯又訓搖轉似不相類宋本祖作相義亦未詳疑是担字渠列反担撟高舉皃見楚辭遠遊與揭同此則三訓皆可通但廣雅亦云搖祖上也今且闕疑注即字戴本改作則案二字本多通用未矣字本亦作也

括音适○舊本音活今從戴本闗閉也注易曰括囊無咎

方言卷十二

衙㣯動也

羞厲熟也注熟食爲羞厲今也●戴云今當爲矜廣雅矜厲危也

備該咸也注咸猶皆也

噬食也噬憂也

㥮悖也注謂惈悖也●玉篇㥮祇佳祇癸二切

虜鈔強也注皆強取物也鹵奪也●鹵亦虜字廣雅作擄

鑈奴俠反正也注謂堅正也

蒔殖立也○案周語以殖義方韋昭注殖立也與此正合左傳襄三十年鄭輿人誦殖與嗣協釋文是吏反與蒔聲亦相近戴謂殖爲誤從曹本作植今不從廣雅作殖

蒔更也注謂更種也蒔音恃○俗本作音侍誤今從宋本

李作侍　段云侍是　劉同

段云渠脂反非衍因除爲而改鬐者爲鬐耳宋本因鬐者而改渠脂非

鬐除爲反●說文鬐髮隋也直追切各本方言誤作鬐宋本亦誤并改爲渠脂反又因誤而更誤矣今從廣雅改正尾梢盡也注鬐毛物漸落去之名尾梢也

𣨙音喙○各本作音劇誤今從宋本御音劇●說文作卸又御御音訓亦相似皆其別體俗本作卸倦●即倦字本作券也注今江東呼極爲𣨙外傳曰余病𣨙矣○見晉語今本𣨙作喙

鼃音蛙律●廣雅作葎始也

蓐臧厚也

遵遳魚晚反○宋本作魚偃反行也注遳遳行皃也

鑴音攜餟祭醊●俗本誤作鑴餟又醊作餟今皆從宋本改餽也音饋○案餽即饋字宋本音饋今本皆作音愧

方言　卷十二　六　抱經堂校定本

李作影

一切七八焜盛也又八八引焜煌盛皃也云注十三汁同注同引有煌明也五字下非十三汁焜盛皃十三四引爗盛也注煒爗盛皃也一焜盛也一切二引煒爗盛皃

一切十八引蘊積也

方言　卷十二

餼香既反[食彔]音映●俗本誤作録今從宋本改飽也

惵度協反耇音垢嬴也音盈●案嬴與盈通

趙肖小也

蚩愮音遙悖也注謂悖惑也

吹扇助也注吹噓扇拂相佐助也

焜曅●本作曅余涉反晠也注韡曅焜燿晠皃也

苦翕熾也

蘊崇也蘊𧯤○卽𧯤字積也注𧯤者貪故爲積𧯤彌合也

●彌各本誤作紗今據廣雅改正

翬音揮[喬羽]○音喬飛也注翬翬飛皃也

廣疋韡爗盛也

憤目盈也○目各本作自今從宋本

諫喚諫○案即讙諫諻從橫●案諻亦作喤騶唱謂之引喤亦取其音音也

攎音盧遬音敕○遬舊竝作遬今改正張也

岑夤大也岑高也注岑崟峻皃也

效眅音戶文也注眅眅文采皃也

鈉音柄董錮也注謂堅固也○錮與固通故注以堅固訓錮字戴以錮爲固之訛

非

抙●各本作扜案說文扜指麾也僾俱切廣韻扜有況于僾俱二切皆訓指麾又有抙字苦胡切揚也今据改正搷音塡揚也注謂播揚也

水中可居爲洲○古只作州字後人始加水三輔謂之淤音瘀注

方言卷十二

上林賦曰行乎洲淤之浦○舊本多作州淤今史記本却作洲淤注末俗本有也字宋本無

蜀漢謂之鞮手臂●各本鞮誤作嬰今据玉篇廣韻改正

毆音鷖幕也注謂蒙幕也○案幕當冪字誤注同冪莫歷反與幎同亦作冪蒙冪冪唐杜少陵詩中用之

剡音枯狄也宏音剔●案狄剔古亦通用

度○徒洛反高為揣裳絹反○左傳釋文音丁果初委二反

𢆉步為跬差箠反

𢆉盲為睺呼鉤反一音猴

未陞天龍謂之蟠龍

裔夷狄之總名注邊地為裔亦四夷通以為號也

考引也

弜高也

上重也●上尙通

箇古餓反枚也注謂枚數也。○謂舊誤作爲今改正

一蜀也南楚謂之獨注蜀猶獨耳

輶軒使者絕代語釋別國方言第十二

方言　卷十二　八　抱經堂校定本

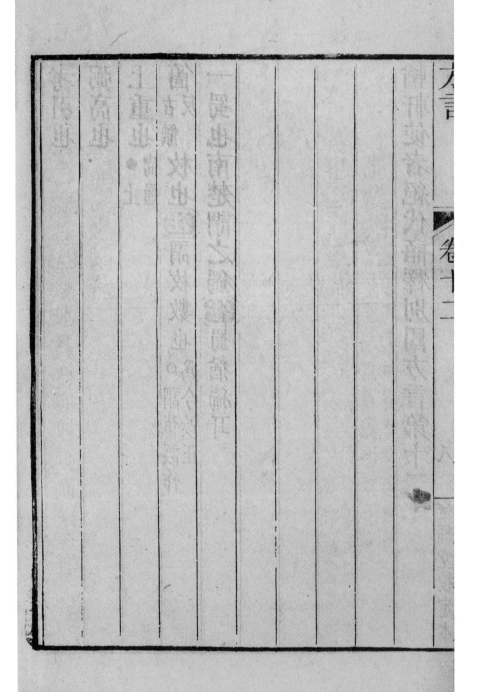

段云戴所見衍而删之非未是

段云古字叔作赫与升相而误

# 輶軒使者絶代語釋別國方言第十三

裔歷相也裔旅末也

䚡緣𢉹也●爾雅釋詁䚡劉㬥樂也詩大雅桑柔篇毛傳作爆爍釋文爆㬥同音剝樂或又作落戴云緣捐同音皆與𢉹義相近

純毣音沐好也注毣毣小好皃也

藐音邈素廣也注藐藐曠遠皃藐漸也

躪踊躍拼拯拔拔也出休爲拼●說文休沒也孥歷切案今作溺出火爲躪也拼一作拯躪一作踚○舊本拯誤作椒今改正

炖託孫反焃音闞㷍波淪赤○舊本赫字如此仍之貌○戴云貌字衍也注皆火盛熾之皃

方言卷十三

憤窾孔阨烏革窾阨反也注謂迫阨

杪眇小也

讟音沓●廣雅曹憲音讀咎謗也注謗言噂讟也

葴敕●戒備也注葴亦訓敕

摵音縮摋音致到也

黬●舊本誤作聲今據廣雅改正說文云忘而息也於檻切腆忘也

黮度感反䵨莫江反私也注皆冥闇故為陰私也

龕音堪喊音減㖪荒麥反亦音郁唏虛几反●俗本虛誤作靈今從宋本聲也

筡音涂箄方婢反析也析竹謂之筡注今江東呼篾竹裏為筡亦名為笢也●笢也舊本誤作筡之也今從戴本改正說文筡折竹笢也民武盡

劉云字書無蹻字宋本作蕭亦未可據 某踏

一本廿七劉雅也

切竹膚也

[亻歸]音逵宵音蕭○俗本作音蹣今從宋本戴云宵嗾一聲之轉嗾使犬聲文弨案使犬曰哨音騷見

卷七使也

蠢作也注謂動作也

忽達芒也注謂草杪芒䠶出●䠶與射同詩周頌載芟毛傳云達射也

芒●廣雅作亡濟●俗濟字本當作擠滅也注外傳曰二帝用師以相濟也●見晉語韋昭注濟當爲擠滅也莊子人閒世篇故其君因其脩以擠之釋文引方言郎作擠字

劆音廊劙音儷解也

魏能也○案周書謚法解克威捷行曰魏克威惠禮曰魏與此訓能義合

李作衎

段云此李依廣韻改　一切十五廿引作竦注謂警作悚

一切十七廿引跌蹶也郭璞曰偃地也十三引同注作跌偃也

段云務音古本不收而此音宋刻依廣韻改　一切二十三引漫販也

劉云入韻妹未

方言　卷十三

⿴行斤刻也●⿴行斤舊本並作衎疑析之異文戴從永樂大典作⿴行斤云集韻⿴行斤下引方言刻也謂相離折似兼引注文而此脫去文弨案廣韻⿴行斤餘制切合板⿴行斤縫

聳山項反○與卷六音同宋本作山拱反誤竦也注謂警聳也

跌蹷也注偃地也江東言跢丁賀反●偃地也各本誤偃地反宋本作徒結反似因反字而妄改之

蘪蕪音無●各本音務今從宋本也注謂草穢蕪也

漫淹敗也溼𢿌爲漫水𢿌爲淹注皆謂水潦漫澇壞物也

釐音貍挴亡改反●舊本作坶戴據廣雅玉篇廣韻改亦通作每貪也

⿰扌頴恪頴反挻音延○案說文挻長也式連切音義並相近戴謂挻無延音改作埏今不從竟

也

讁喘轉也注讁喘猶宛轉也

困胎𠊓音鞭撻●舊本誤作𠊓今改正逃也注皆謂逃叛也

隋毻他臥反易也注謂解毻也●案李善注枚乘七發引方言注墮懈墮也當卽此注正文易當音以豉反廣韻毻鳥易毛也又似當讀如字

姚音遥娧●曹憲音廣雅通外反好也注謂妦悅也●姚娧舊本誤作䠷說今從廣雅改正注妦舊本誤作姅姅變婦人污也於義何取案詩鄭風釋文丰面貌豐滿也方言作妦今見卷一注謂妦容也此妦悅義正同今改正

憚怛惡也注心怛懹亦惡難也○怛當音得爛反注懹舊本並誤作懷案卷七憎懹憚也陳曰懹廣雅憎懹憚難也懹人尚反今據改正注惡難當音烏路乃旦二反

方言　卷十三　三　抱經堂校定本

方言卷十三

吳大也●戴案詩周頌絲衣不吳不敖毛傳吳譁也說文吳大言也釋文云何承天云吳字誤當爲吳從口下大故魚之大口者名吳胡化反此音恐驚俗也据此吳當如字讀

灼●廣雅作恂同驚也注猶云恐灼也○注中灼舊本作⿰火帀字書無此字今從戴本改正

賦動也注賦斂所以擾動民也

⿸疒豦許畏反○各本許作㠯今從宋本與前卷十二⿸疒豦音義同極也注江東呼極爲⿸疒豦倦聲之轉也

煎盡也

爽過也注謂過差也

蟬毒也●戴云蟬卽憯聲之轉

慘㥞音適○各本誤音濇今從宋本也㥞惡也注慘悴惡事也

還積也○案還胡關反楊倞注荀子成相篇比周還主黨與施云還繞案猶環繞積聚之意

宛音宛樂也蓄也●戴云案郭璞葬書宛而中蓄正合此義舊本音宛樂也作謂宛樂也後人又增音婉二字於下案廣韻俛宛同音注云歡樂然與宛蓄絕不相蒙謂當音字之誤

類法也●已見卷七內各本無此三字宋本有之書內重見者多矣後人刪去之非也

猴音侯本也注今以鳥羽本為猴

懼病也○凡性怯者亦人之病也又或懼轉為癯懼驚也○案懼與瞿通莊子庚桑楚篇南榮趎懼然顧其後章懷注後漢書申屠剛傳袁安傳懼然皆云驚也据此不必改作瞿

葯音決的○宋本如此戴本改作音約薄也注謂薄裹物也葯猶纏也○戴本据徐爰注潘岳射雉賦引此薄皆改作纏非也若作纏字其義易明何用費詞如此乎

方言　卷十三　四　抱經堂校定本

一切十三廿刂反注注云訊以鉤撈取物也
十六廿七撈方言鉤取也
華嚴經音上刂摸撫也一切十六廿同以手

方言卷十三

⿰月旋短也注便旋庳小皃也

掊深也注掊尅深能

涅休也●各本涅誤作湼今從廣雅改正曹憲音乃結反

撈音料取也注謂鉤撈也●曹憲音廣雅撈音牢又力幺反

摸音莫●各本摸誤作膜今從廣雅改正撫也注謂撫順也

由式也

猷詐也注猶者言故爲詐○猶與猷同

萑隨也

揣試也注揣度試之

頪巨廩反怒也注頪頪恚皃也

一切十九廿刂正文及注

埝音坫肆●廣雅音乃頰反下也注謂陷下也

讚解也注讚訟所以解釋理物也

賴取也

扲音鉗業也注謂基業也

帶行也注隨人行也

溓●爾雅釋文引作㝩空也注溓宧空皃溓或作歉虛字也●溓宧各本誤作溓宭今從爾雅疏所引改正說文云㝩屋㝩宧也注字疑衍司馬相如長門賦㨨梁李善注引㝩虛也然則㝩宧從宀從穴義竝同耳

湛安也注湛然安皃

嘍音僂譽樂也注嘍嘍歡皃

方言卷十三

俺音婉歡也注歡樂也

衎音看定也注衎然安定皃也

⿰月鼻魚自反⿰月息○相力反也注謂息肉也

讟亦音讀●前音沓故此言亦痛也注讟誣怨痛也

鼻始也嘼之初生謂之鼻人之初生謂之首梁益之閒謂鼻爲初或謂之祖祖居也注鼻祖皆始之別名也轉復訓以爲居所謂代語者也

充養也●各本充誤作兖今從廣雅改正

翳掩也注謂掩覆也

臺支也

純文也

袥亂也注亂宜訓治●未詳

恌音遙理也注謂情理也○案恌廣韻餘昭切與愮同憂也悖也邪也惑也前愮訓憂亦訓療治此理亦當謂理其情耳

蘊晠也注蘊藹茂皃

搪音堂張也注謂彀張也

惲嘔憤反謀也注謂議也

陶養也●已見卷一內

襟音禁惡格也注今之竹木格是也●襟格俗本誤皆手旁作今從宋本改正

李亦誤級

一同 而十三扶護也書西陲寸言引讀 李志𡌵云挾非

劉同 段云禁當為禁。淨之音不當相吞 淩下又見玂 二字从仌是改氵非淨 見廣韻十三耕淩字雖不見字書 亦不可以今改古

方言卷十三

朏曉明也

扱擭也注扱猶汲也●說文扱楚洽切收也擭一虢切握也汲各本誤作級今從宋本

扶護也注扶挾將護

淬作憒反寒也注淬猶淨也●廣雅淬作焠曹憲音七碎反

淩初兩禁耕二反淨也注皆冷皃也○淩淨舊本皆仌旁作字書未見

漉極也注滲漉極盡也

校凡也●各本校誤作牧今據廣雅改正

易始也注易代更始也○變易交代皆更始也月令云數將幾終歲且更始

逭周也注謂周轉也

䵳音奭色也注䵳然赤黑皃也

恬靜也注恬淡安靜

禔音祇福也注謂福祚也禔喜也注有福卽喜

攋洛旱反●廣雅音賴玉篇廣韻竝從示隓許規反●卽今墮隳字壞也○案太玄度次二小度差差大攋之階范望注以大頃解之正與此義合釋文亦音賴

息歸也

抑安也

潛亡也

曉過也曉嬴也

黜音肬贅○案各本音黜今從宋本廣韻與拙同音云偪黜短皃短也注蹶黜短小

皃○案淮南人閒訓聖人之思脩愚人之思叕高誘注叕短也當與⿰叕出同彼無音俗本音哲非也

隑音剴切陭也○文弨案陭當讀爲倚說苑建本篇云本不正者末必陭注江南人呼梯爲隑所以隑物而登者也○今杭人有剴愛一音亦剴之轉也

迒胡郎反長也注謂長短也迒迒迹也注爾雅以爲兔迹

賦臧也○賦歛所以爲收藏也

蘊音溫饒也

芬和也注芬香和調

檮依也注謂可依倚之也○丁云史記龜策傳上有檮著下有神龜索隱檮音逐畱反檮著即藂著檮是古稠字案稠穊是相爲依倚也

依祿也注祿位可依憑也

李作䐊各本誤䫇　劉云當作䫇

嚴云䖑在說文且部

段云劉同　牾當作悟戴本不誤

䐊腯音腞亦突也注腯腯肥充也●案腞與腯同此音腯爲腞當讀徒本反曲禮下釋文云腯徒忽反本或作腞今本釋文腞誤作豚得此正之

盬音古雜猝也注皆倉卒也

蹣音藥行也注言跳蹣也○言各本作音誤今從宋本

盬且也注盬猶䖑也●戴云盬讀爲姑息之姑廣雅作䖑皆古字假借通用禮記內則篇姑與之而姑使之鄭注姑猶且也䖑舊本誤作𧇎曹毅之本作䖑玉篇廣韻皆云息也定作䖑文弨案集韻有䖑字音祚且往也義亦近之卽䖑亦不必定作䖑隸書於據字亦作據似可通

抽讀也

䐋託也

適牾也注相觸迕也

埤音界●各本埤誤手旁作今從廣雅改正予也注予猶與

彌縫也

譯傳也譯見也注傳宣語卽相見

梗略也注梗概大略也

臆滿也注愊臆氣滿之也

隲音騭益也注謂增益也

窒待也注來則實也

珇音祖好也珇美也注美好等互見義耳

嫗色也注嫗煦好色皃

闓開也注謂開門也●已見卷六內

劉云戴本竟改作摩注改作攠殊未確此本得之●音麋二字當在注末
[illegible]作摩

𪎭音麋或作摩滅字○案𪎭敝音麋故爲滅義摩滅當音磨本亦作攠滅也

菲音翡薄也注謂微薄也

腆厚也

媟狎也注相親狎也

芋香于反大也注芋猶訏耳

煬音恙翕炙也注今江東呼火熾猛爲煬煬烈暴也

馺索苔反馬馳也注馺馺疾皃也

選延徧也●舊本徧譌作偏今依廣雅改正

澌索也注盡也○澌訓盡見卷三內

晞燥也

一切十三引　一切廿八引注無今字　卷十二胡反注十三同

段云袢宋本依廣韻改

段云宋本亥非 劉云二音同

梗覺也注謂直也

萃集也●已見前卷三內

晛俾倪○宋本曎音亦○宋本音釋非案曎當作圛晛作睥晛同詩齊風載驅篇鄭箋云圛明也圛音亦

明也

暟呼亥反○俗本作呼凱反誤今從宋本廣韻暟苦亥反從白非也

臨照也●各本照誤昭今據廣雅改正

暟美也注暟暟美德也

箄必氏反○俗本作方氏反誤今從宋本簍音縷籅音餘箵亏弢篆古筥字也江沔之閒謂之籅趙代之閒謂之箵淇衛之閒謂之牛筐注淇水名也篆其通語也篆小者南楚謂之簍自關而西秦晉之閒謂之箄注今江南亦名籠為箄

籠南楚江沔之閒謂之篣音彭注今零陵人呼籠爲篣

或謂之笯音那墓反●舊本作音都墓無反字今從戴本注亦呼籃

簇注盛餅筥也作餅○餅即飯字俗本誤今從宋本改正南楚謂之筲今建平人呼筲爲鞭鞘趙魏之郊謂之笶簇注今通語也●笶各本作去今從宋本案笶簇儀禮士昏禮鄭注作篋籚說文作𠙴盧皆同

錐謂之鍣廣雅作鉊字

無升謂之刀斗注謂小鈴也刀音貂見漢書●戴云案史記李將軍列傳集解引孟康說以刀斗爲鐎器索隱引埤蒼云鐎溫器有柄斗似銚無緣據此則無升當作無緣又上當有銚字文弨案刀斗今作刁斗據佩觿及復古編則刀字本有兩音都牢丁聊二反俗始別爲刁耳

匕謂之匙音祇

方言　卷十三　十　抱經堂校定本

方言卷十三

盄謂之櫑子殄反河濟之閒謂之盞㿻○於干才二反椀謂之盌○渠嬌反盄謂之銚銳謠音●亦見前卷五椀謂之梋杸決蠲兩音●舊本作木謂之㴋抉誤今椀字從宋本梋杸從廣雅皆改正 注 椀亦盂屬江東名盂爲凱亦曰甌也

餌謂之餻或謂之餈或謂之餘音鈴或謂之餣央怯反或謂之䬧

餅謂之飥音託○俗本誤音乇今從宋本或謂之餦餛長渾兩音渾

餳●說文餳从食易聲徐盈切案易聲殊不相近自當從昜劉熙釋名云餳洋也諧聲取義周禮小師釋文辭盈反又云李音唐徐辭盈辭盈其音近精與唐實一聲之轉戴信說文以辭盈辭精反者从易音唐者从昜今不從謂之餦餭 注 即乾飴也飴謂之餧音該餣○於勿於

月二一反謂之餚音髓（注）以豆屑雜餳也餳謂之餹音唐（注）江東皆言餹凡飴謂之餳自關而東陳楚宋衛之通語也

𪌉音哭麰音才𪎊千八反麰音牟（注）大麥麴𪍿音脾（注）細餅麴䴸音蒙（注）有衣麴䴹音倮（注）小麥麴為䴹即𪎊也●各本音倮誤作䴷音叉𪎊誤作麴今俱從宋本改正𪎊胡昆戶版二反麴也自關而西秦豳之閒曰𪌉（注）豳即邠音斌○舊本豳作𨚔係沿俗體據此注豳邠可通用至唐明皇時始專用邠字耳晉之舊都曰麰（注）今江東人呼麴為麰齎右河濟曰𪎊或曰䴷北鄙曰䴸麴其通語也○齎當作亝已見前

屋梠謂之櫺音鈴（注）雀梠即屋檐也亦呼為連綿

方言 卷十三

瓬今字作甍音萌謂之甊音雷注即屋穩也○穩於靳反

冢秦晉之閒謂之墳注取名於大防也或謂之培音部

或謂之堬音臾或謂之埰●各本作采戴從曹毅之本作埰與廣雅同古通用注

古者卿大夫有采地死葬之因名也或謂之埌波浪或

謂之壠注有界埒似耕壟因名之自關而東謂之丘

●舊本誤作廿今從宋本改正下同小者謂之塿洛口反注培塿亦堆高

之皃大者謂之丘注又呼冢爲墳也凡葬而無墳謂

之墓注言不封也墓猶慕也●各本脫墓猶慕也四字今從宋本補所

以墓謂之墲注墲謂規度墓地也漢書曰初陵之墲

是也○案所引漢書見楚元王傳劉向疏墲作橅音同

輶軒使者絕代語釋別國方言第十三

方言　卷十三　十二　抱經堂校定本

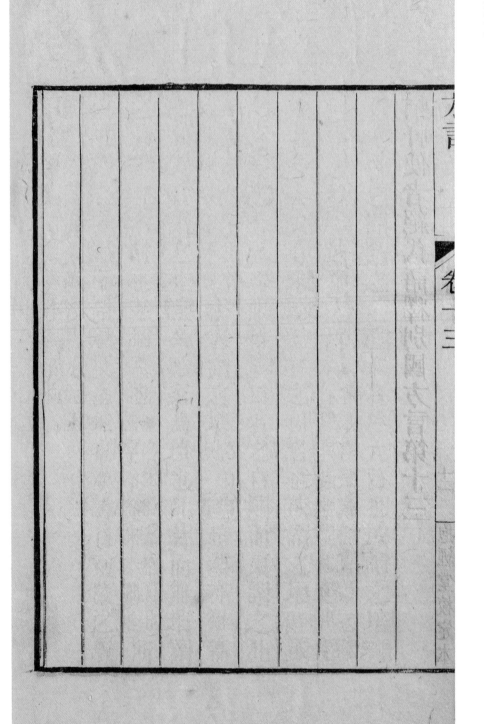

影宋本無此書

雄爲郎一歲作繡補靈節龍骨之銘詩三章及天下上計孝廉雄問異語紀十五卷積二十七年漢成帝時○此四字誤當作王莽時劉子駿與雄書從取方言曰歆叩頭昨受詔宓五官郎中田儀與官婢陳徵駱驛等私通盜刷越巾事即其夕竟歸府詔問三代周秦軒車使者遒人使者○玉海引古文苑遒人二字在軒車使者上無下使者二字以歲八月巡路𡨚音求又於加切○案當與求音義同代語僮謠歌戲欲得其最目因從事郝隆𡨚之有日篇中但有其目無見文者歆先君數爲孝成皇帝言當使諸儒共集訓詁爾雅所及五經所詁不合爾雅者詁籒爲病及諸經氏

方言　書　一　抱經堂校定本

之屬皆無證驗博士至以窮世之博學者偶有所見非徒無主而生是也會成帝未以爲意先君又不能獨集至於歆身脩軌不暇何偟更創○脩軌當本是循軌偟與遑同屬聞子雲獨採集先代絶言異國殊語以爲十五卷其所解略多矣而不知其目非子雲澹雅之才○丁云澹古瞻字沈鬱之思○古文苑思作志李善注任昉王文憲集序引此亦作志不能經年銳精以成此書良爲勤矣歆雖不遘過庭亦克識先君雅訓三代之書蘊藏於家直不計耳今聞此甚爲子雲嘉之已今聖朝留心典誥發精於殊語欲以驗考四方之事不勞戎馬高車之使坐知傜俗適子

雲攘意之秋也不以是時發倉廩以振贍殊無爲明語將何獨挈一作絜之寶上以忠信明於上下以置恩於罷朽所謂知蓄積善布施也蓋蕭何造律張倉推歷皆成之於帷幕貢之於王門功列於漢室名流乎無窮誠以隆秋之時收藏不殆○殆與怠同饑春之歲散之不疑故至於此也今謹使密人奉手書願頗與其最目得使入籙令聖朝留明明之典歆叩頭叩頭雄叩頭賜命謹至又告以田儀事事窮竟白案顯出甚厚甚厚田儀與雄同鄉里幼稚爲鄰長艾相更七○十二家集及文章辨體更並作愛視覲動精采似不爲非者故舉至

段云宛冤古通用

華陽國志常璩都士女讚及十三目錄作莊

日雄之任也○七十二家集百三名家集日俱作之誤也舉者任者各是一人覲下文可見不意淫迹○此下本有汙字今從七十二家集刊去暴於官朝令舉者懷報而低眉任者含聲而宛舌○令各本誤作令戴據文義改正宛舌舊本作冤舌亦誤雄傳云欲談者宛舌而固聲今据此改正知人之德堯猶病諸雄何慚焉叩頭叩頭又敕以殊言十五卷君何由知之謹歸誠底裏不敢違信雄少不師章句亦於五經之訓所不解常聞先代輶軒之使奏籍之書皆藏於周秦之室○常字各本皆同李善注文選兩引此一作常一作嘗雖義皆可通而常聞猶云習聞雄自別有意戴乃以常爲誤非也及其破也遺棄無見之者獨蜀人有嚴君平○君平名遵本姓莊法言問明篇蜀莊沈冥蜀莊之才之珍也皆指此人此亦本是莊君平後

見先賢以來士女目錄華陽

華陽國志士女目錄尚書郎楊壯成都人也見方言之蓋

漢明帝諱莊始改爲嚴雄在前無由預避蓋後人習熟於嚴君平之稱因誤改之也臨邛林閭翁孺者○戴云案廣韻林閭氏出自嬴姓正與此稱合華陽國志乃云林閭字公孺誤也深好訓詁猶見輶軒之使所奏言翁孺與雄外家牽連之親又君平過誤有以私遇少而與雄也君平財有千言耳翁孺梗概之法略有翁孺往數歲死婦蜀郡掌氏子無子而去而雄始能草文先作縣邸銘王佴頌階闥銘及成都城四隅銘蜀人有楊莊者爲郎誦之於成帝成帝好之以爲似相如雄遂以此得外見此數者皆都水君常見也故不復奏○古文苑注云都水君歆父向也雄爲郎之歲自奏少不得學而心好沈博絕麗之

文願不受三歲之奉且休脫直事之繇得肆心廣意以自克就有詔可不奪奉○可者免其直事之役仍不奪其郎俸令尙書賜筆墨錢六萬得觀書於石室○戴云各本室譌作渠蓋後人所改左思魏都賦闕玉策於金縢案圖籙於石室劉逵注云揚雄遺劉歆書曰得觀書於石室文心雕龍事類篇曰夫以子雲之才而自奏不學及觀書石室乃成鴻裁表裏相資古今一也今據以訂正如是後一歲作繡補靈節龍骨之銘詩三章○古文苑注云繡補疑是裀襦之類靈節靈壽杖也龍骨水車也丁云案華陽國志巴志竹木之璝者有桃支靈壽巴東郡朐忍縣有靈壽木蜀志廣漢郡五城縣出龍骨云龍升其山值天門閉不達墮死於此後沒池中故掘取得龍骨成帝好之遂得盡意故天下上計孝廉及內郡衞卒會者雄常把三寸弱翰齎油素四尺以問其異語歸

藝文布帛部引衛作衛 引五十五卷七百三十卷

篇下朝五有筆字四作三

即以鉛摘次之於槧二十七歲於今矣○案雄年四十餘游京師見雄傳贊其上甘泉諸賦當在成帝元延二年古文苑注云計雄此時年近七十蓋在天鳳三四年間而語言或交錯相反方覆論思詳悉集之燕其疑○古文苑注云會集所未聞使疑者得所安張伯松不好雄賦頌之文然亦有以奇之嘗爲雄道言其父及其先君憙典訓○此常字不誤則前常聞之不必改嘗聞益明矣言字疑衍張伯松名竦張敞孫其父吉杜鄴從受學焉事見漢書屬雄以此篇目頗示其成者伯松曰是懸諸日月不刊之書也○頗示其成者一本作頗示之三字李善注任昉蕭公行狀引作煩示其成者煩字恐誤戴云示其成者正見有未成者耳又言恐雄爲太玄經由鼠坻之與牛場也如其用則實五稼飽邦民否則爲牴糞棄

之於道矣而雄般之○古文苑注云般蒲官切樂也戴本改作般云古服字案雄自以爲有樂乎此聞伯松之言仍自若也作般字是伯松與雄獨何德慧○古文苑注云漢人用慧字多與惠通而君與雄獨何譖隟而當匿乎哉其不勞戎馬高車令人君坐幃幕之中知絕遐異俗之語典流於昆嗣言列於漢籍誠雄心所絕極至精之所想遘也扶聖朝遠照之明○此足上語耳扶改作夫者非下句上雖似有脫文然此篇古質自不當以近代文字律之若謂引起下句則用聖朝二字足矣加夫字便成時下語氣遠照之明四字果何所指而漫爲貢諛邪知子雲必不爾使君宗此如君之意誠雄散之之會也○荅歆書中語死之日則今之榮也不敢有貳不敢有愛少而不以行立於鄉里長而不以功顯

於縣官著訓於帝籍但言詞博覽翰墨爲事誠欲崇而就之不可以遺不可以怠卽君必欲脅之以威陵之以武欲令入之於此此又未定未可以見今君又終之則縊死以從命也○今戴本改作令而可且寬假延期必不敢有愛○戴云而如古通用雄之所爲得使君輔貢於明朝則雄無恨何敢有匿唯執事圖之長監於規繡之就死以爲小雄敢行之○古文苑注云言當長以所規爲監得緝成其書以死爲輕謹因還使雄叩頭叩頭

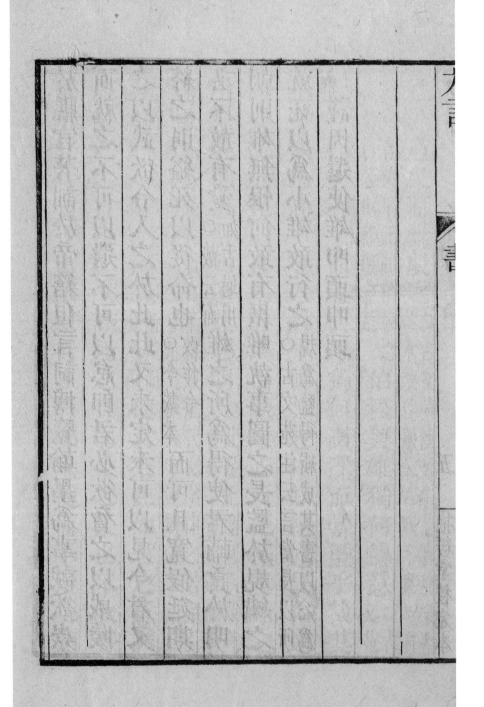

# 方言校正補遺

## 卷二

秦晉曰靡注靡細好也○王逸注宋玉招魂靡顏膩理云靡緻也李善注陸士衡文賦言徒靡而弗華云靡美也又引辥君韓詩章句曰靡好也皆不作靡靡

抱娩一作嬔孚萬反○戴東原云各本孚訛作追今從曹毅之本文弨今見李文授本亦是追萬反

餬託庇寓艐寄也齊魯宋衛云云○李文授本作齊衛宋魯與今本同

鋠攪○二字左思蜀都賦謝靈運山居賦皆用之

段云亏引誤不詳錄



卷三

斟協汁也○李文授本協正從十

魯齊之閒謂之蕘○李文授本閒作郊

茦○李文授本正從艸

朹仇也○集韻引此朹作⿰求九案太玄內初一謹于嬰⿰求九初貞後寧范望注⿰求九匹也釋文⿰求九音仇又音救則作⿰求九未嘗不是

軫戾也注相了戾也○許慎注淮南原道訓云軫了戾也見道藏本但誤軫爲抱耳其了戾不誤今本乃誤作引戾又楊倞注荀子修身篇擊戾云猶了戾也

宋本世德堂本皆不誤元人纂圖互註本誤作子戾字形猶相近至近本竟誤改爲乖戾矣獨方言本自宋至今皆不誤乃反從李善文選注誤字而改此文不思之甚

諄罪也○李文授本正作譚

或謂之鑴一音圭○案郭氏注穆天子傳鑴音圭

卷四

或謂之祓○李文授本音撥

無袂衣謂之𧛔○李文授本衣上有之字與近本同

袒飾謂之直袊○李文授本正作衿注同注有所著

上及音但五字

自關以西秦晉之郊曰絡頭○以各本作而今從李文授本

卷五

或謂之環○李文授本無下樌字

或謂之菥注今云折篾篷也○李文授本篷正從竹

卷六

秦晉之開謂之𦖋注言聉無所聞知也○李文授本聉字不誤

其言聅者○戴本聅改作𦖋與上同今案李文授本

此亦省文作𨅋

龕○案說文龕从龍合聲顧寧人云合平聲則音含釋名合合也合口停之也詩常棣合琴翕湛平入同用續漢輿服志闟之言函也皆可證據此則當从合爲是

𨹟音蟲豸○李文授本此下有未曉二字亦衍

或曰狙注狙伺也○孫詒穀云史記留侯世家良與客狙擊秦皇帝服虔應劭注竝以狙爲伺索隱云狙之伺物必伏而候之解尤明白可証文弨案狙應劭七豫反徐廣七怒反近人讀狙少陵詩愼勿出口他人狙

僗○李文授本皆作僥

卷七

斯掬離也○文弨案⿰釆刂爲古播字漢幽州刺史朱君碑⿰釆刂徽馨魏横海將軍呂君碑遂⿰釆刂聲亐方表可證亦有作匊字者九歌湘夫人云匊芳椒兮成堂洪興祖云匊古播字本作⿰釆刂

儦○案初學記引作穮

茹食也注麤食○李文授本作粗食

卷八

其小者謂之⿰彳鳥鳩○案廣韻二十二昔有⿰彳鳥字與役

同紐云鴘鳩鳥

或謂鷄鳩。戴本或謂下增一之字與前後句一例

䳼音域。俗本音或李文授本正作域

自關而東謂之鶌鳩。孫詒穀曰自關而東四字不應重出爾雅疏幽人或謂之鶌鳩幽下但脫一州字耳文弨案官本爾雅疏有州字又甯玦兩音李文授本甯作寧

鷿鷉鷿音指辟。李文授本音挾辟亦未曉

雞雛徐魯之間謂之䨂子。案許慎注淮南原道訓云屈讀如秋雞無尾屈之屈秋雞卽此䨂子

卷九

轄軑鍊鏅也○文弨案李文授本作鍊鏅鍊音東郭忠怨佩觽云以鍊鏅之鍊德紅翻爲鍛鍊來見翻其順非有如此者案說文無鍊字集韻篇海有之不足爲據郭亦沿舊本方言之誤此必當改正者

鐏音頓謂之釬○音頓二字舊在注或名爲鐓下案說文鐏音徒對切鐏音徂寸切則音頓二字自是鐏字之音無疑

方舟謂之潢注揚州人呼渡津舫爲杭荆州人呼潢○戴本杭與潢又互訛此梓時失於讎校所致今正

之

所以縣櫂謂之緝○李文授本無音

艗音亦艏○李文授本作艗首音亦作音匿

卷十

江湘之閒謂之無賴○李文授本之閒下亦有或字

張湛注列子所引無其裴駰顏師古竝作或曰云云

不云方言文

或謂之嚜屎注潛潛狡也○上潛字疑當作言與下

注一例

崽者子也注崽音枲○案子音與枲相近故注又云

聲之轉也下注患聲如宰者郭殆指湘沅之語則然且一字無妨有兩音如茝音芷亦音昌改反即其例也中原言子自有本音不得謂子聲如宰今大河以北謂畜類所生曰患子聲正如宰子矣

誺不知也○案灰咍本與支脂之等韻通今檢經書有來字者易咸九四憧憧往來朋從爾思損六二上九自外來也與之辭協既濟九五吉大來也與疑時協若詩尤多如終風之二章雄雉之三章君子于役之首章子衿之二章白駒之三章頍弁之二章皆是儀禮士冠禮醮辭兄弟具來與上時下之協少牢饋

食禮餕餘來女孝孫鄭注讀來爲釐陸氏釋文云依
注音力之反劉亦音力代反則誺從來非誤甚明

淮汝之間謂之投○李文授本投亦作役注作江東
又呼撅音縻

卷十一

或謂之蝭蟧○李文授本蝭音啼初學記所引同又
下注蟂蟧李本同初學記作蝭蟧

蠦謂之寒蜩注似蟬而小色青○李文授本亦作似
小蟬而色青

蛄諸○李文授本亦誤作蛄詣

螻螲謂之螻蛄○列子周穆王篇殷敬順釋文引隋祕書王卲讀書記云螻蛄古本多作女匊者方言亦同

姑䗅謂之強蛘注○孫詒穀案爾雅釋文蛘郭音芊已婢反本或作芊說文作芊字林作蛘弋丈反云搔蛘也是郭不音羊明甚文弨案李文授本作建平人呼芊子音米芊卽姓也舊校此依類聚本讀爲羊與宋本亦不合應改正御覽卷九百四十九引方言作強芊

蠀螔謂之蚇蠖○御覽引郭注云云見卷九百四十

五乃陸璣毛詩義疏所引唯有呼步屈四字爲郭注餘皆陸氏語御覽郭璞提行誤詩小宛正義引陸璣云螟蛉者桑上小青蟲也似步屈其色青而細小或在草葉上可證御覽卷九百四十八尺蠖下引郭璞曰步屈也則郭注竝無脫文

其大而蜜者○李文授本無者字御覽卷九百五十所引亦無

或謂之𧍯𧕅○案太平御覽卷九百四十九引此句𧍯音長𧕅所宜切又下蚨虶誤作蚗音抉于李文授本作蚨虶扶迂二音是也曹憲音廣雅作鳧紆九可證

下接怚音驕怚
下八條卷十三

卷十二

盪歇○李文授本歇下作許竭二字又注謂渴也渴作竭

澤○李文授本及各本並作滜誤

嫣居爲反○李文授本同俗本作居僞反非

葯薄也注謂薄裹物也○案左定九年傳陽虎借邑人之車鍥其軸麻約而歸之可以證薄裹之義若莊十二年傳犀革裹長萬則直謂之裹不可以言約矣郭於第三卷廛下云音纏約蓋舉人所易曉者以相況惡有於此諄複不置者乎且正文既云葯纏也注

乃云猶纏裹也卽一猶字已致難通

蘊䁵也○李文授本正文蘊作蕰

扱注猶汲也○李文授本汲亦誤作級

䵣注赤黑皃也○李文授本赤黑亦作赤色戴據玉篇廣韻定作赤黑案廣韻在二十四職許極切

隑音剴切○案各本隑下無音字於注末又複出音剴切也四字今刪其複猶賸一音字當并去之

䐹腯也○文弨案䐹各本誤從目唯李文授本作䐹卷一內有肥䐹語正與此合

怚音驕怚○案淮南氾論訓段干木晉國之大駔也

許愼注云駔驕怚李善注文選嵇康幽憤詩引說文
曰嫭嬌也嫭與姐同耳子豫切案今本說文將預切
然則怚與駔嫭姐皆通用嬌卽驕也
蒔殖立也○李文授本殖作植又音侍亦作音侍
餜音映○李文授本音影
氼中可居爲洲○注中洲淤李文授本作州淤句末
有也字

卷十三

㣚刻也○李文授本正作衎
還積也○案還與環同鄭注儀禮士喪禮云古文環

作還左襄十年傳諸侯之師還鄭而南杜注云還遶也釋文云本又作環哀三年傳道還公宮同公羊傳云以道還之也又云師還齊侯並同

餳謂之餦餭○案餳從易古音唐亦或讀爲餳精餳盈夕清等切者以陽唐庚耕清本相通也李善注文選王僧達祭顏光祿文引郭璞三倉解詁曰楊音盈與上聲下英協韻玉篇瑒雉杏切又音暢可知凡字從易者皆有兩音說文從易偶脫中開一畫耳不可執是過生分別詩有瞽釋文引方言餦餭作張皇

方言　校正補遺

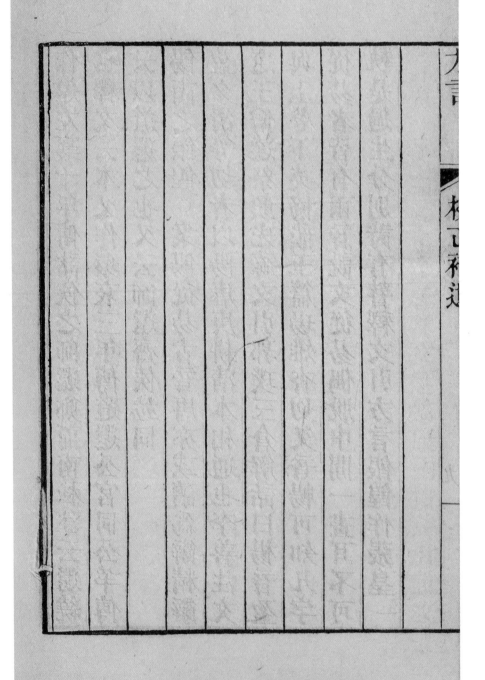

影宋本低一字每行十六

孟傳二字差小

# 李刻方言後序

西漢氏古書之全者如鹽鐵論揚子雲方言其存蓋無幾鹽鐵論前輩每恨其文章不稱漢氏惟方言之書最奇古孟傳頃聞之曾文清公○曾幾字吉甫章貢人謚文清有茶山詩集十五卷孟傳娶其孫女嘗以三詩荅呂治先○名大器茶山之壻是生東萊先生祖謙字伯恭有云傷心昨夜杯中物不對王郎對影斟○今所輯茶山集內無此詩初疑句有誤孫詒穀云上四字畧讀乃恍然紫微呂居仁○名本中呂伯恭之伯祖次韻云書來肎際銅魚使記我今年病不斟自注云出子雲方言今所在鏤板輒誤作病不禁○困學紀聞所載同此書世所有而無與是正知好之者少也

山谷詩云追隨富貴勞牽尾乃用太歺經語○太歺勤首次七勞牽不得其鼻於尾弊測曰勞牽之弊其道逆也紹興初胡少汲洪玉父李文若諸人校黃詩刊本乃誤作縈牽尾自此他本遂承誤鬱蒼蒼三字文人多愛用之亦或鮮記其出於太歺○太歺歺數三八爲竹爲草注鬱蒼蒼也大抵子雲精於小學且多見先秦古書故方言多識奇字太歺多有奇語然其用之亦各有宜子雲諸賦多古字至法言劇秦所用則無幾古人文章蓋莫不然西漢一書唯相如子雲等諸賦韓退之文唯曹成王碑柳子厚自騷辭晉問等他皆不用古字本朝歐文忠王荆公蘇長公曾南

豐諸宗工文章照映今古亦不多用古字得非以爲古文奇字聲形之學雖在所當講而文律之妙則不專在是若有意用之或返累正氣也邪學者要知所以用之當其可則盡善耳今方言自閩本外不多見每惜其未廣予來官尋陽有以大字本見示者因刊置郡齋而附以所聞一二蓋惜前輩之言久或不傳也慶元庚申仲春甲子會稽李孟傳書○戴云孟傳字文授上虞人父光字泰發謚莊簡宋史孟傳有兩傳一見卷三百六十三一見卷四百一前畧後詳後訛作孟傳

## 朱跋李刻方言

漢儒訓詁之學唯謹而揚子雲尤爲洽聞蓋一物不

知君子所恥博學詳說將以反約凡其辨名物析度數研精覃思毫釐必計下而五方之音殊俗之語莫不推尋其故而旁通其義非徒猥瑣拘泥而爲是弗憚煩也世之學者忽近而慕遠捨實而徇名高談性命過自賢聖視訓詁諸書往往束之高閣盍亦思夫周官太平之典其道甚大百物不廢雖醫卜方技纖悉畢載聖門學詩不獨取其可興可觀可羣可怨而鳥獸草木之名亦貴多識本末精粗竝行而不相悖故漢儒尊經重古純愨有守之風類非後人所能企及子雲博極羣書於小學奇字無不通且遠採諸國

質字差小

質差小書畫兩格居中

以爲方言誠足備爾雅之遺闕平時所以用力于此深矣世之好之者蓋鮮　前太守尚書郎李公一日語餘苦無善本質偶得諸相識字畫落落可觀因以告而鋟之木輒併附管見云慶元庚申重午日東陽朱質書　○天啓前義烏縣志云朱質字仲文

方言

舊跋

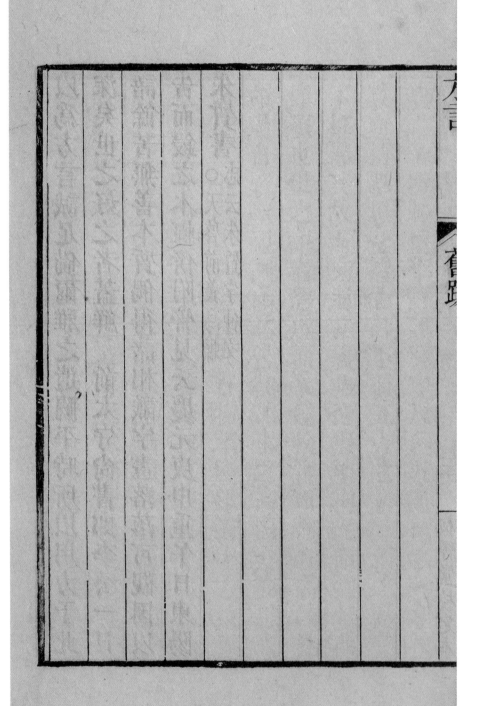

爺

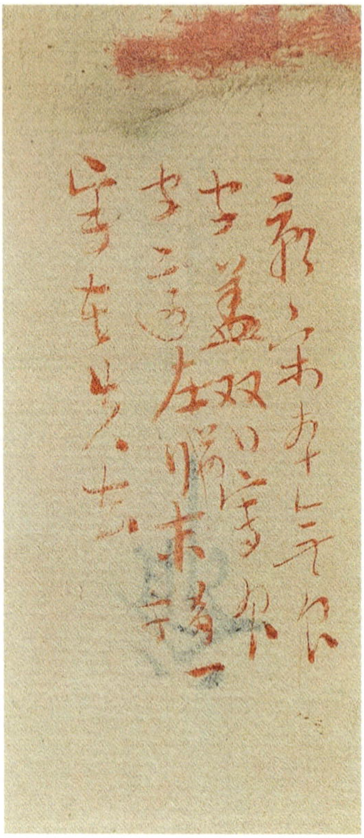

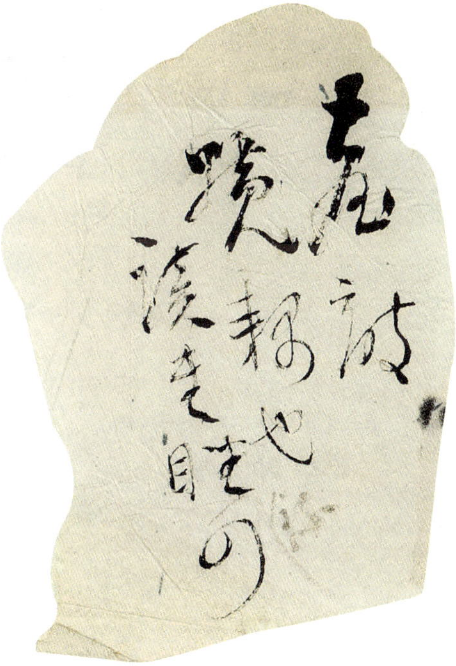

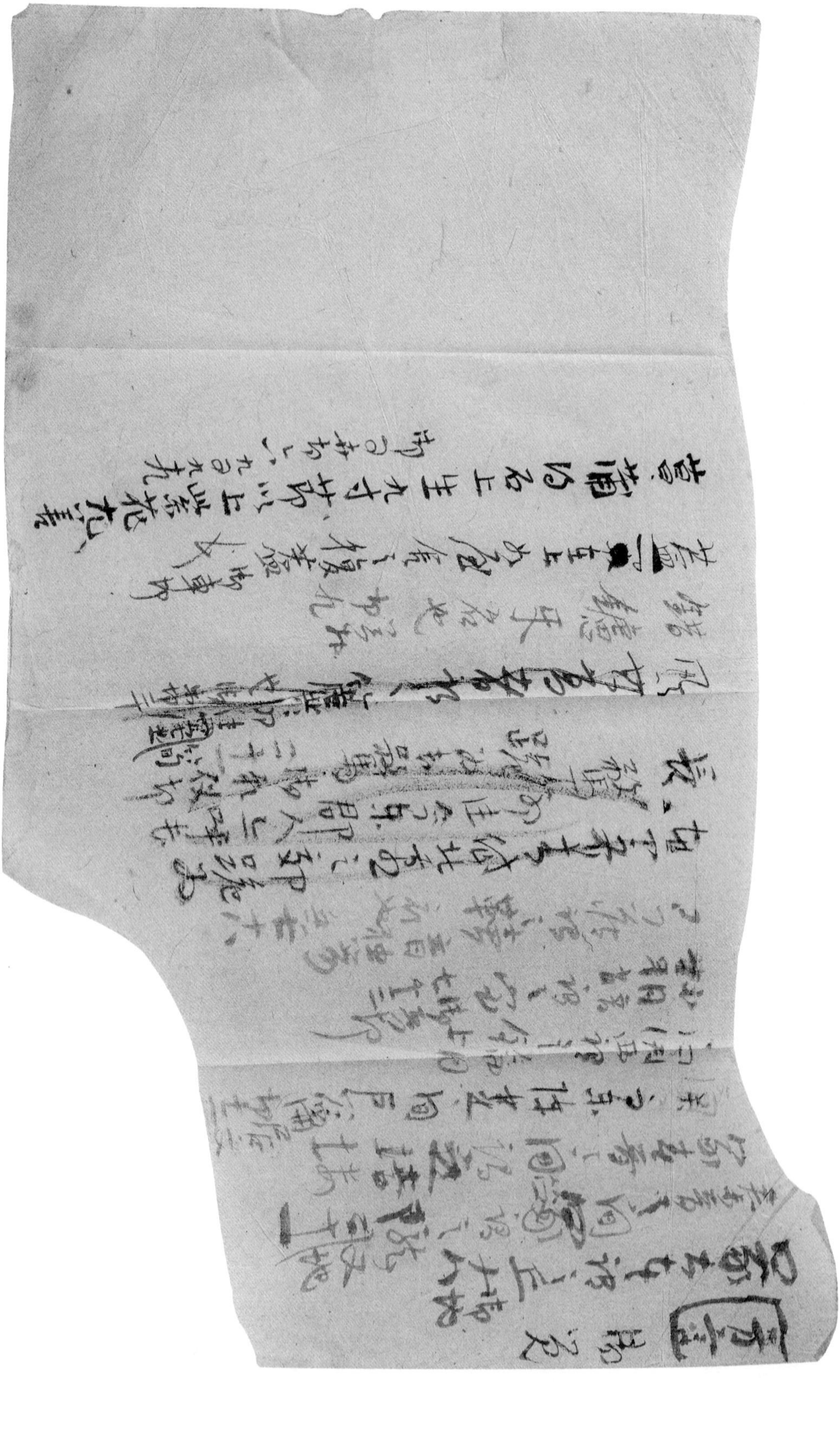

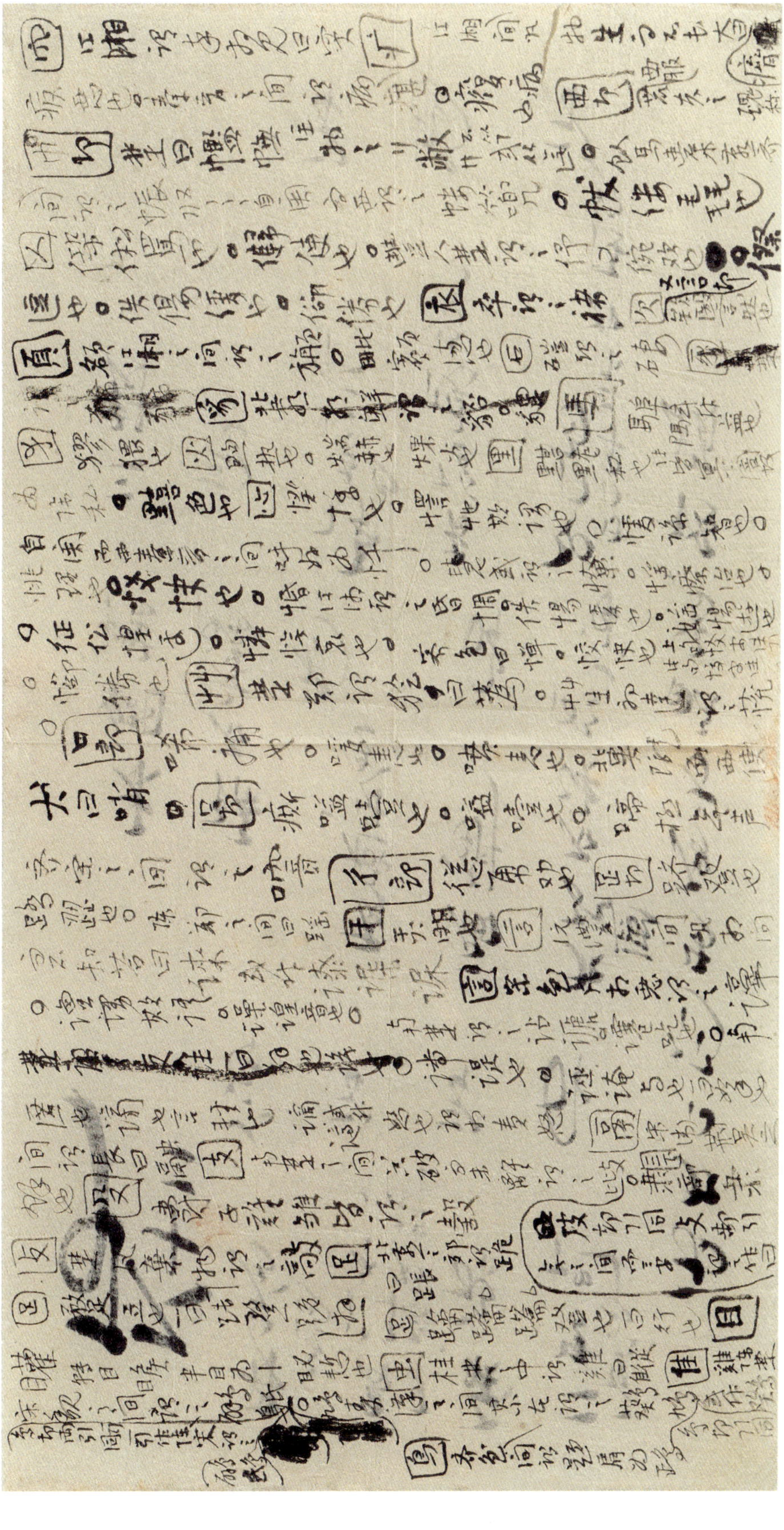

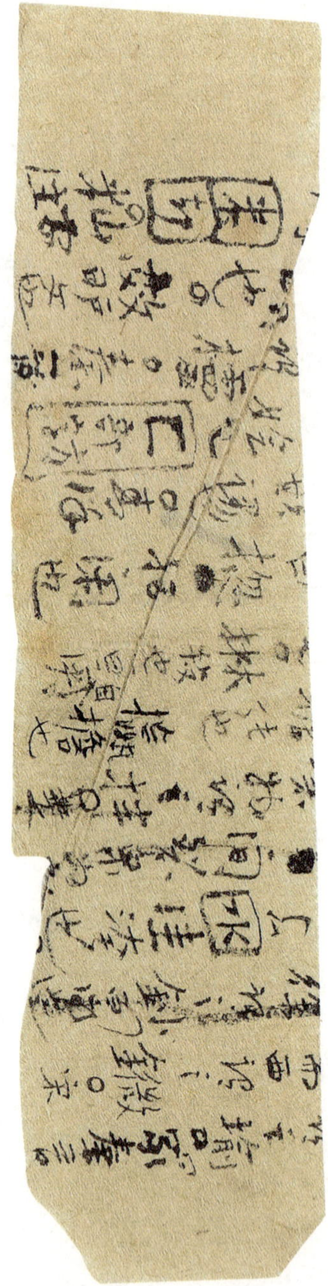

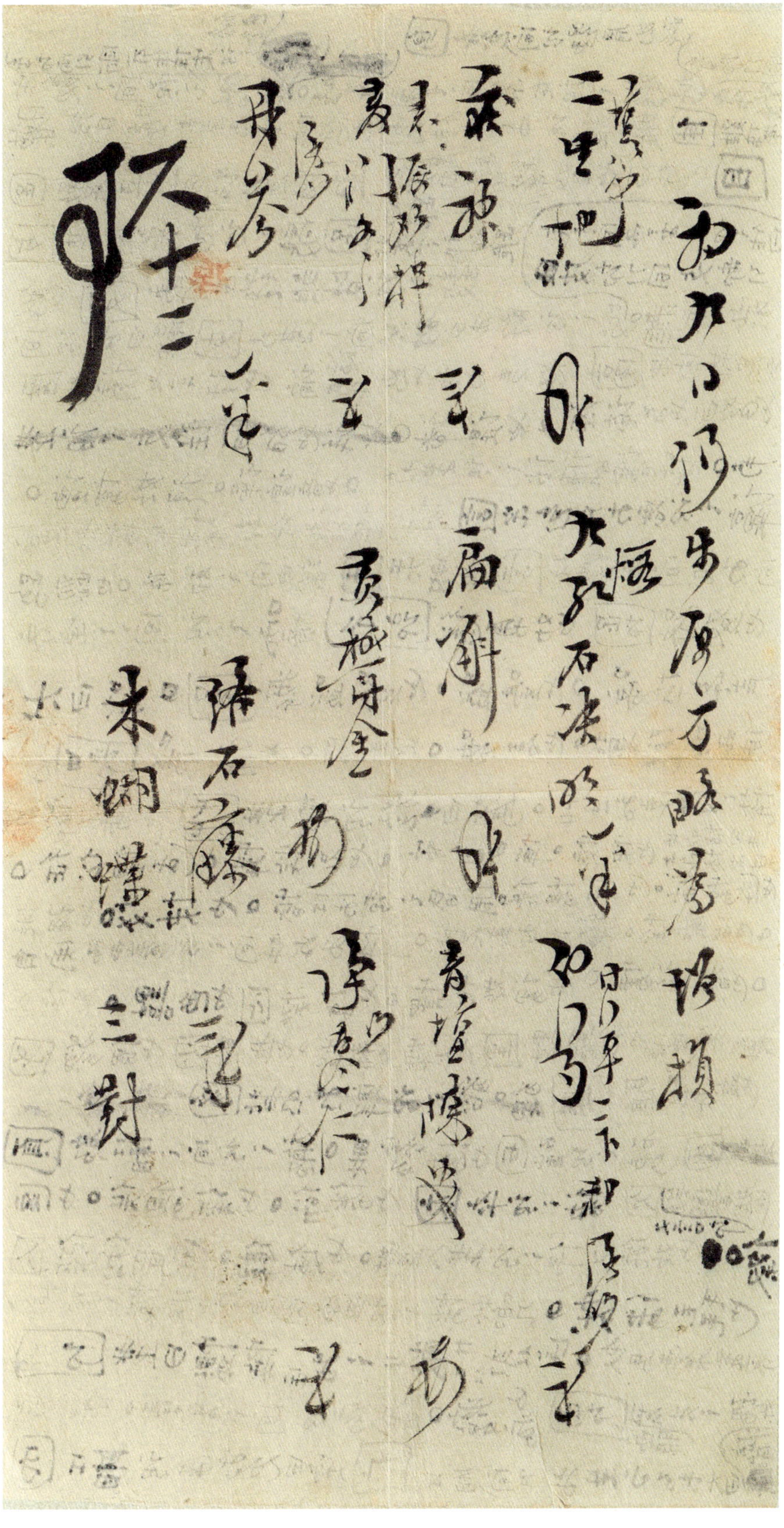

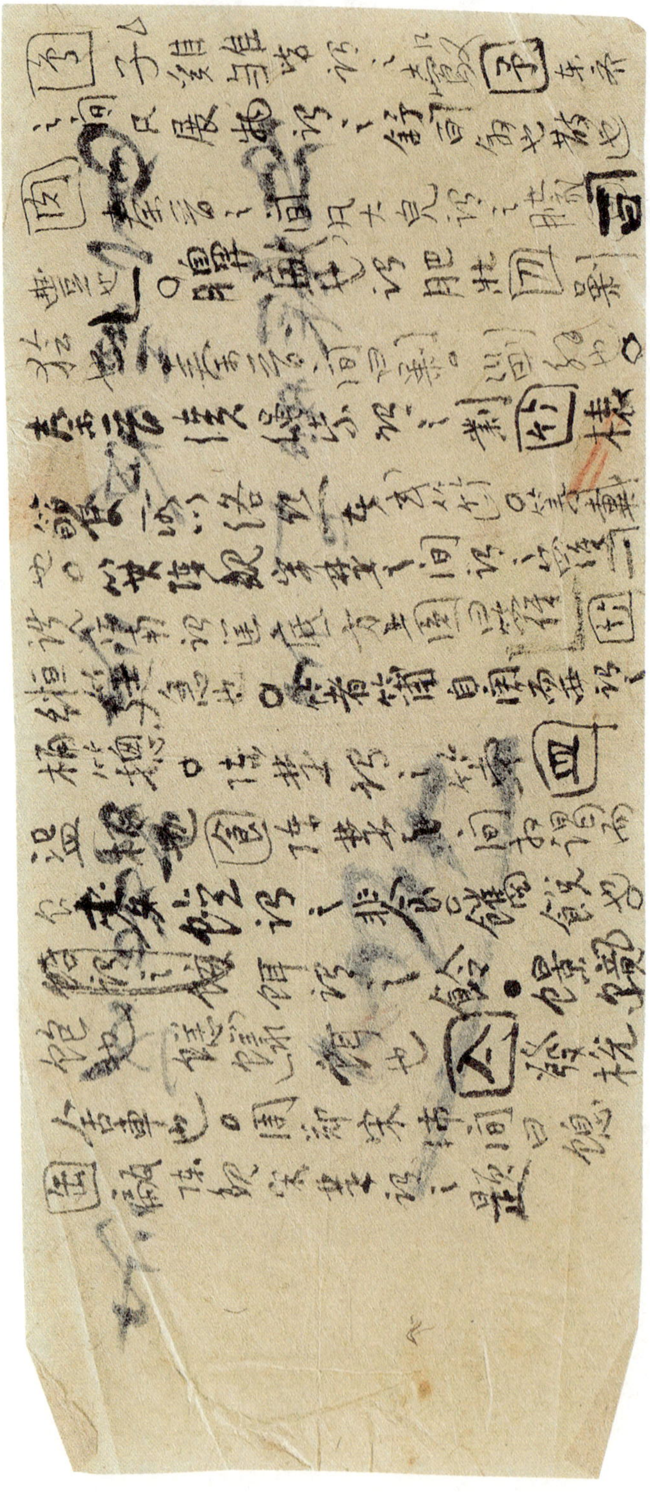

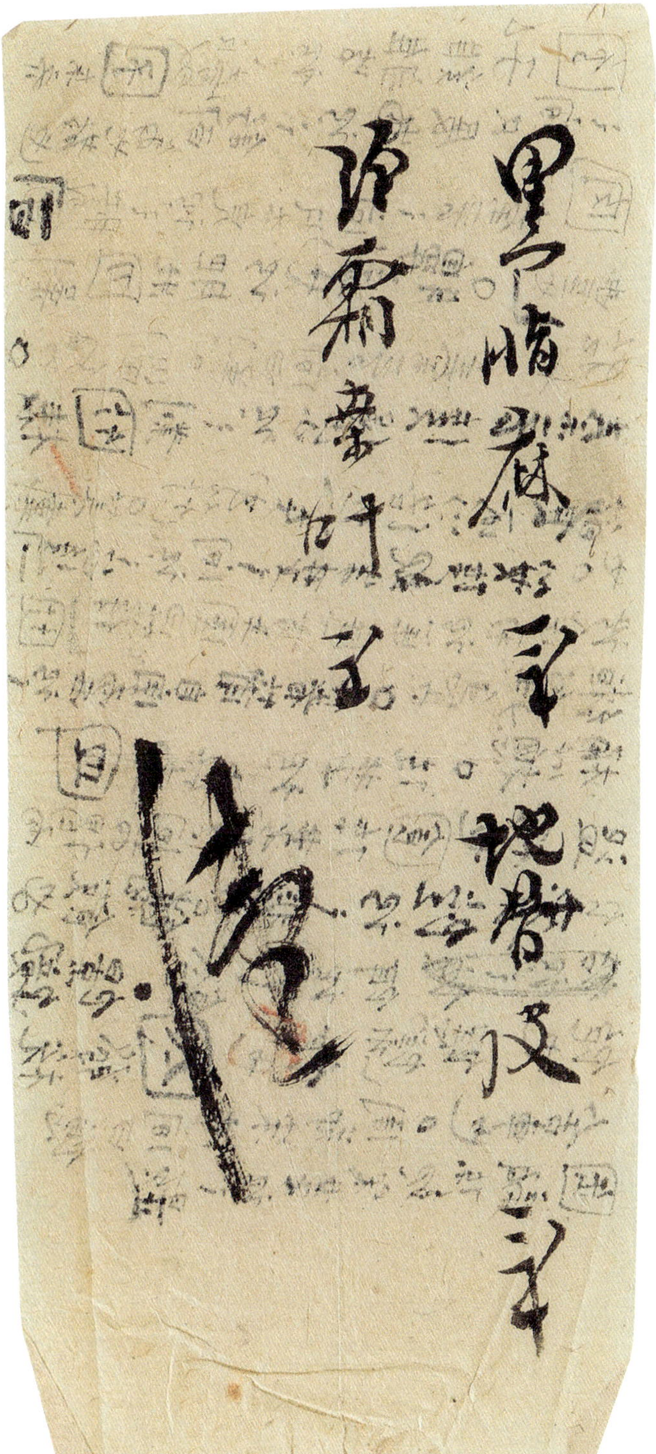

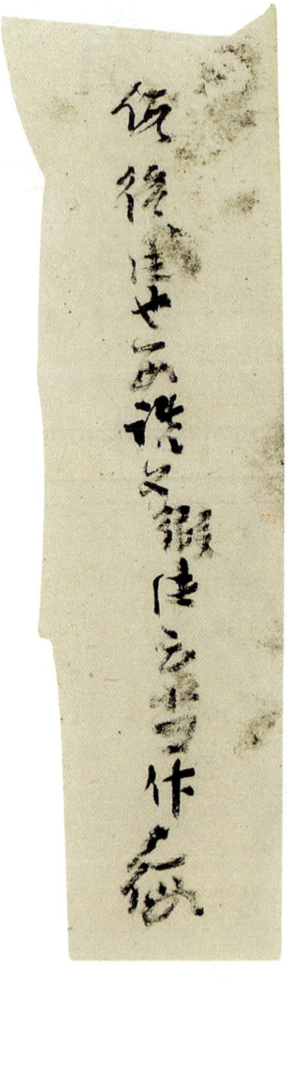

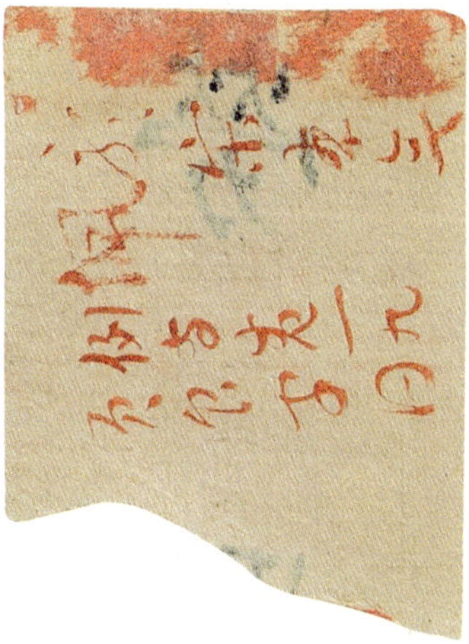

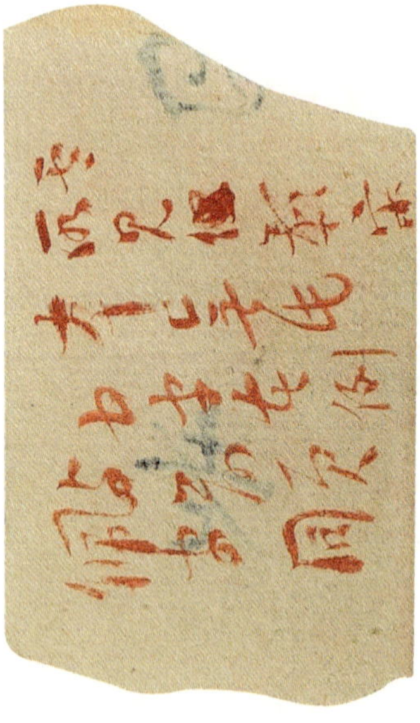

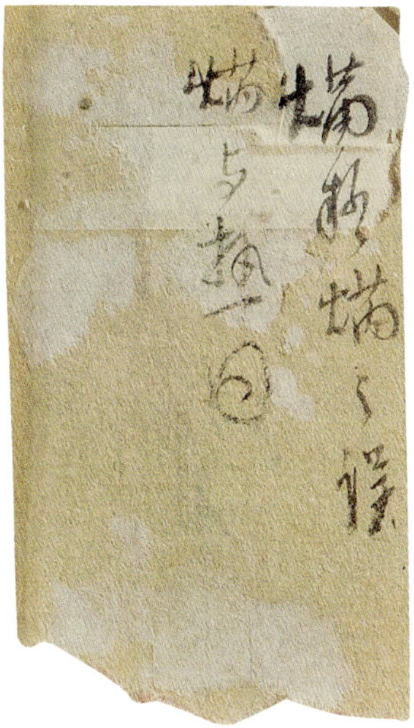

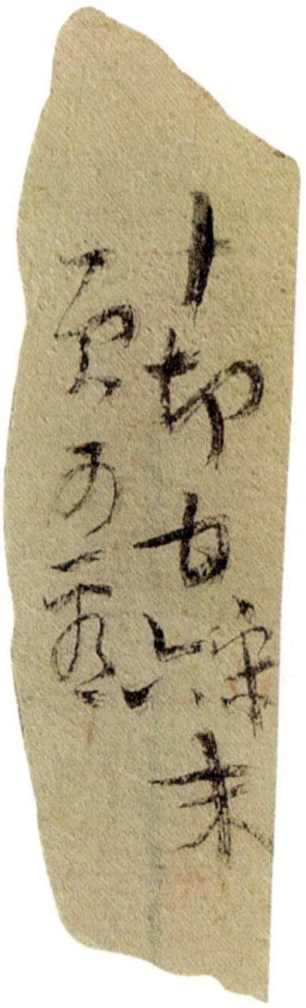

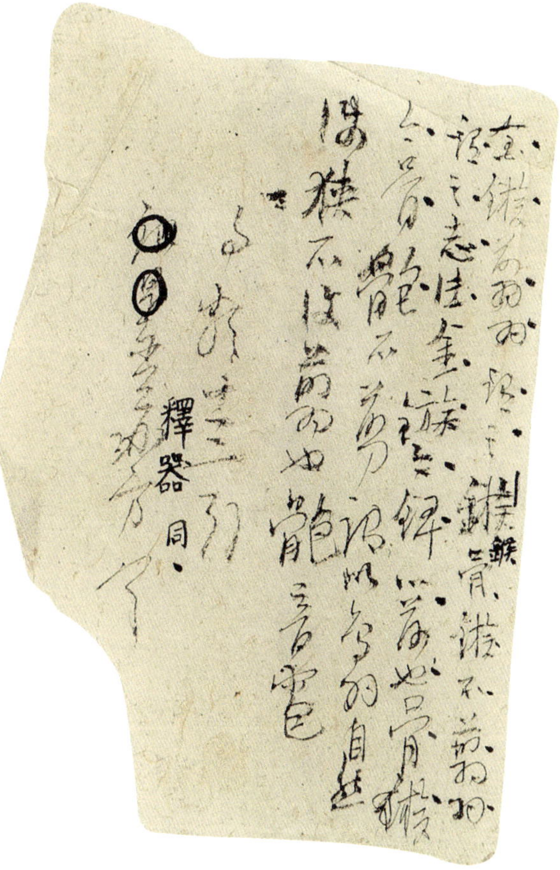
釋器
同

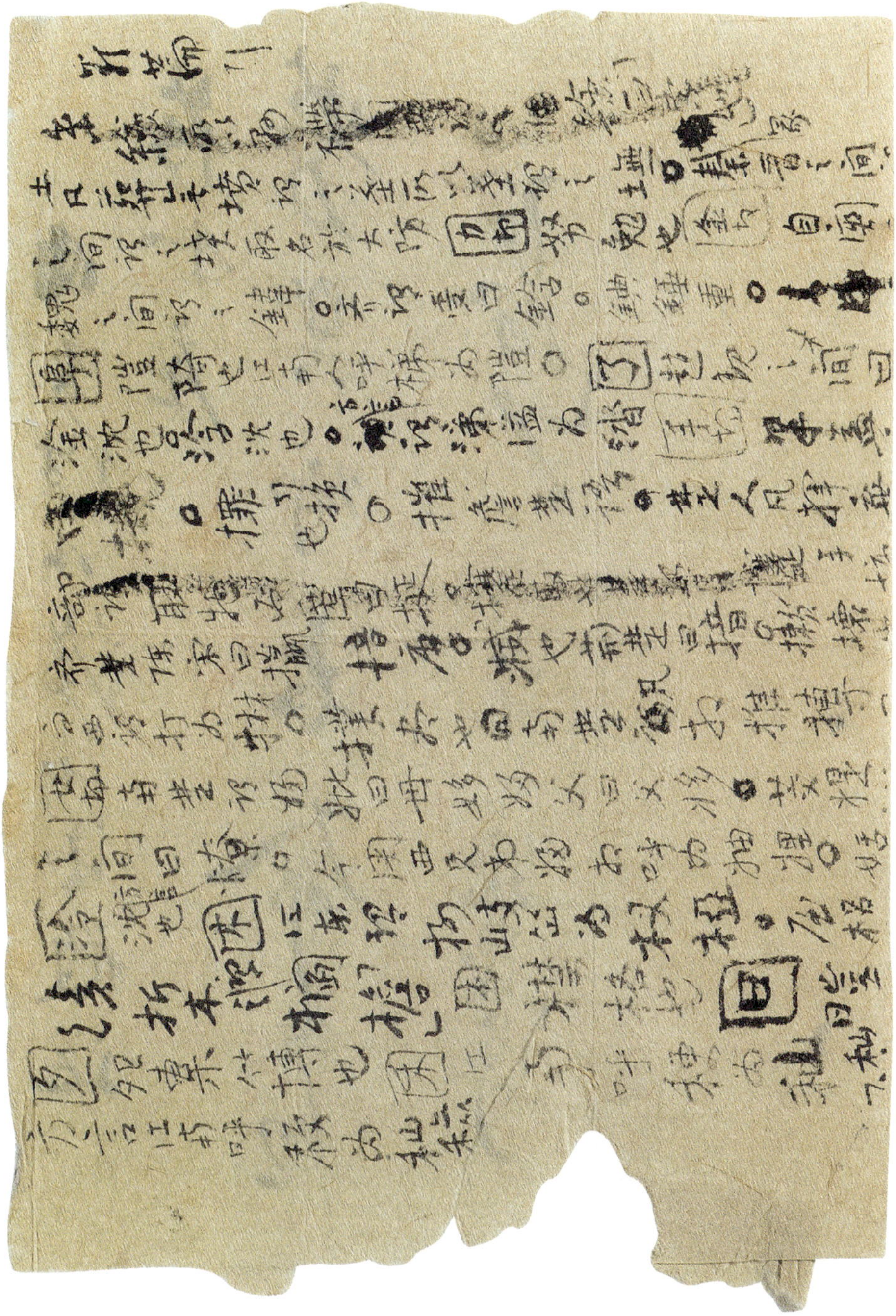

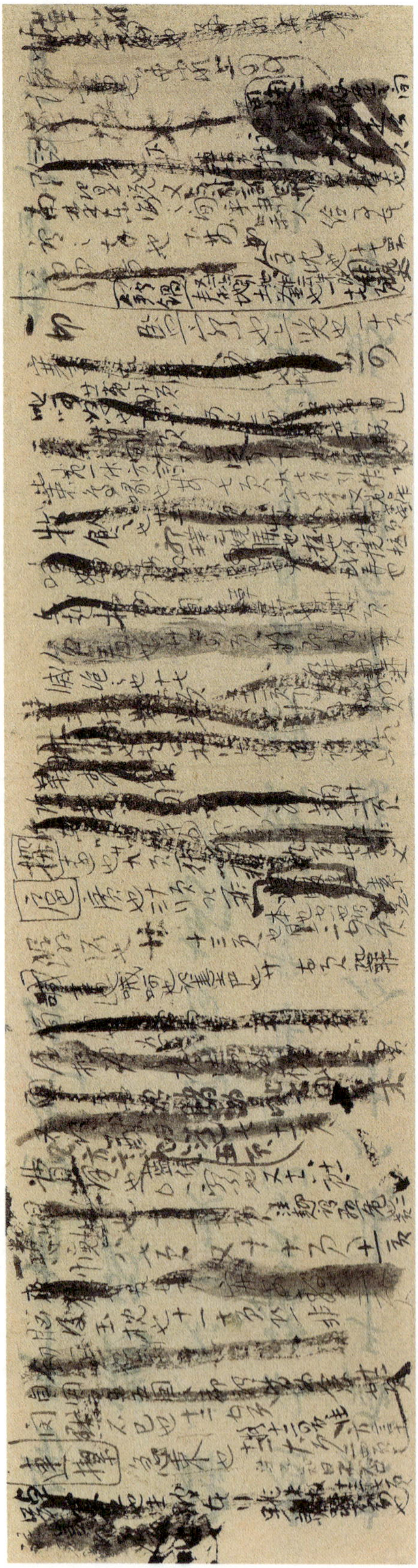

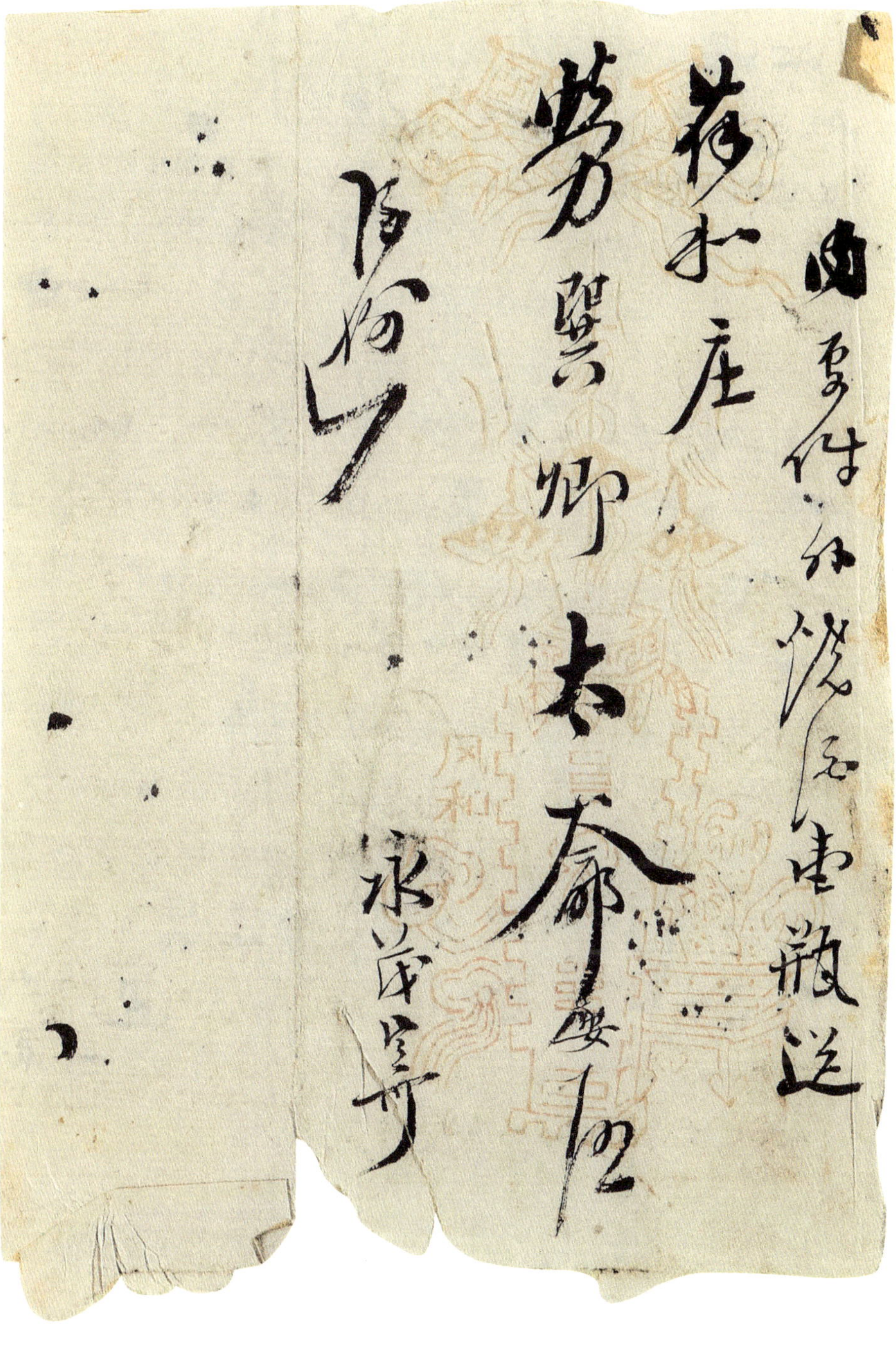

由　要付外錢五串敬送
蔣水庄
勞碧卿太爺　安啓
陳柯山
永康堂封

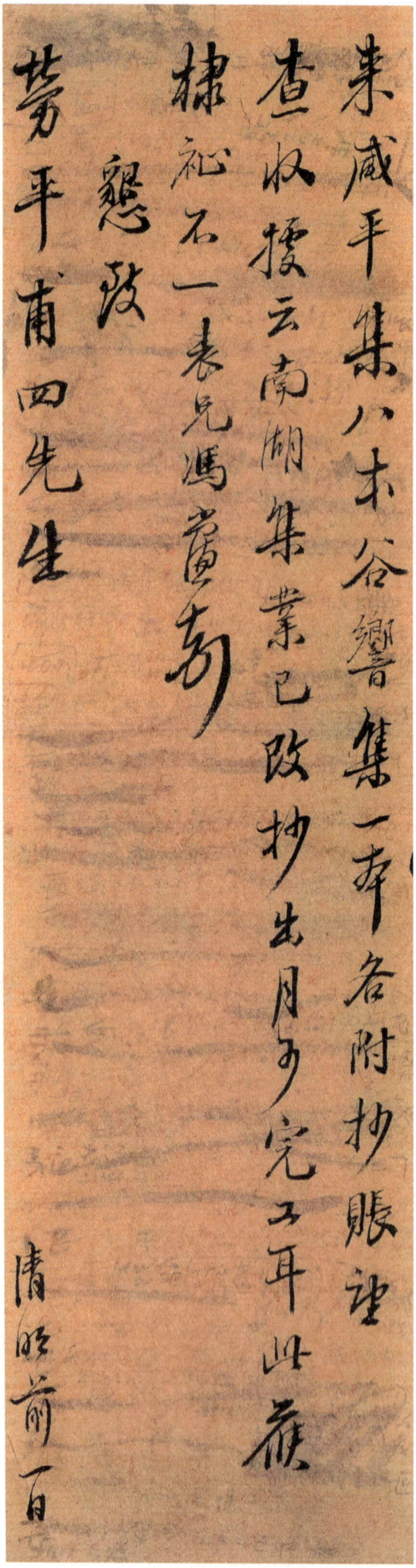
朱藏平集八本谷響集一本各附抄賬望
查收樓云南湖集業已改抄出月可完工耳此候
棣祉不一表兄馮寓寄
懇改
勞平甫四先生
清明前一日

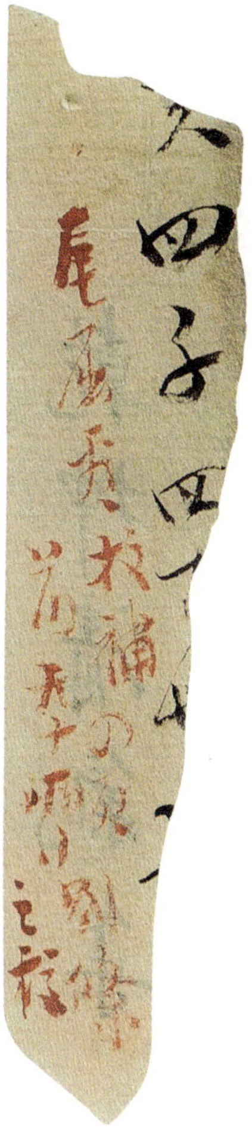

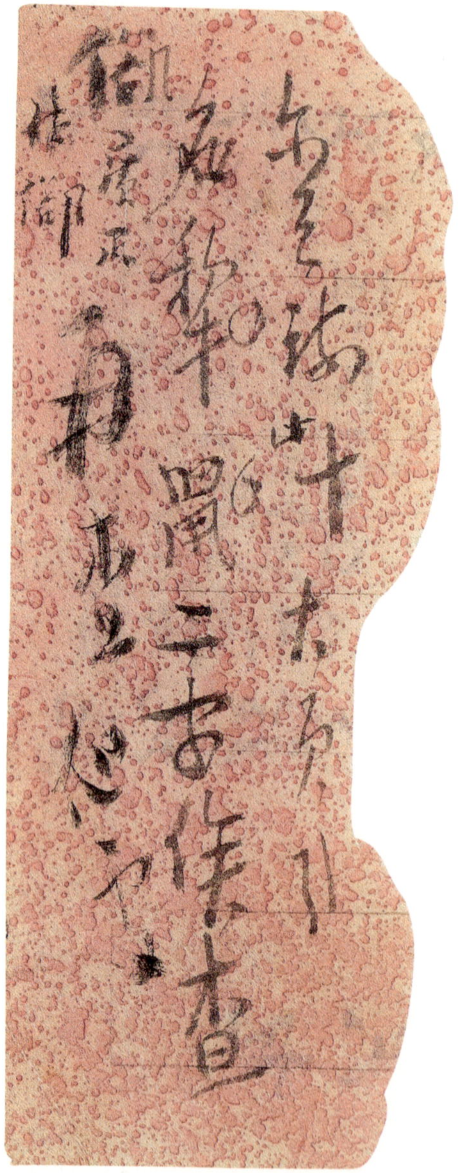

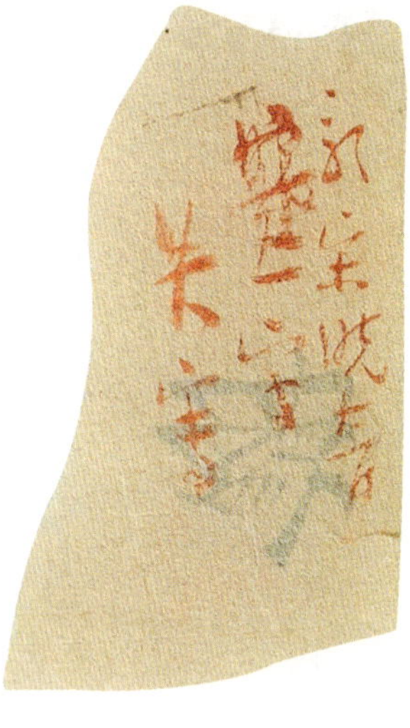

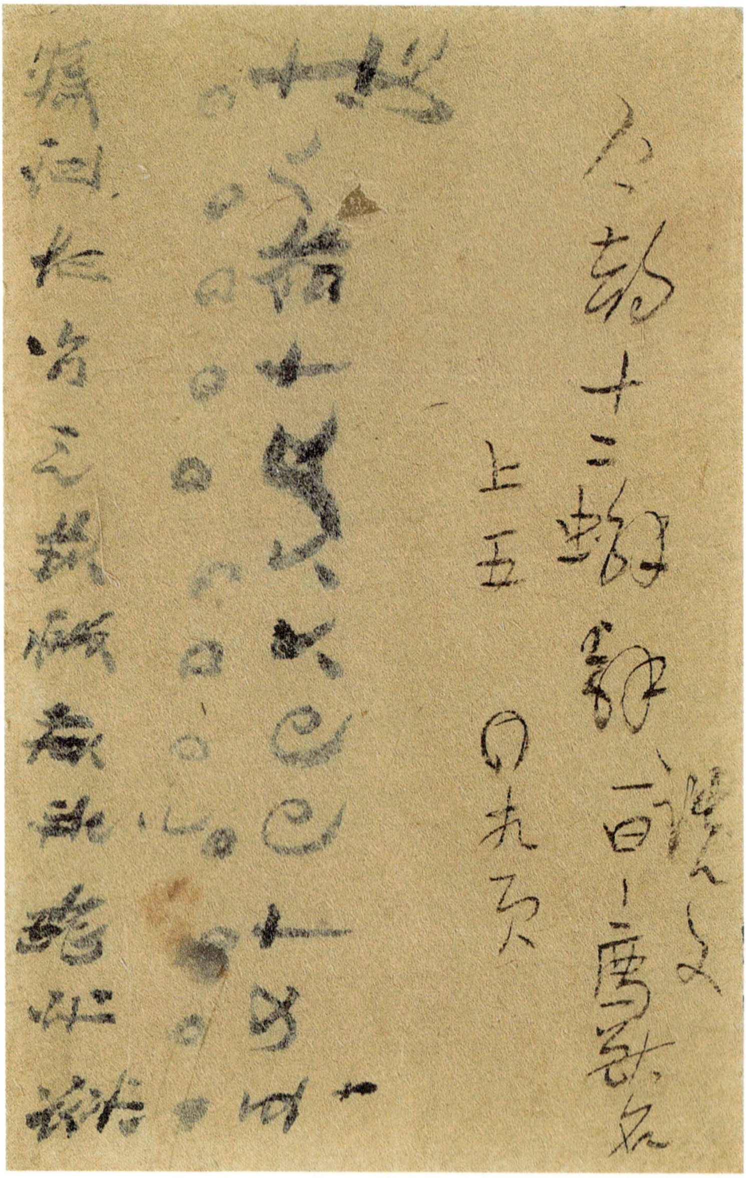

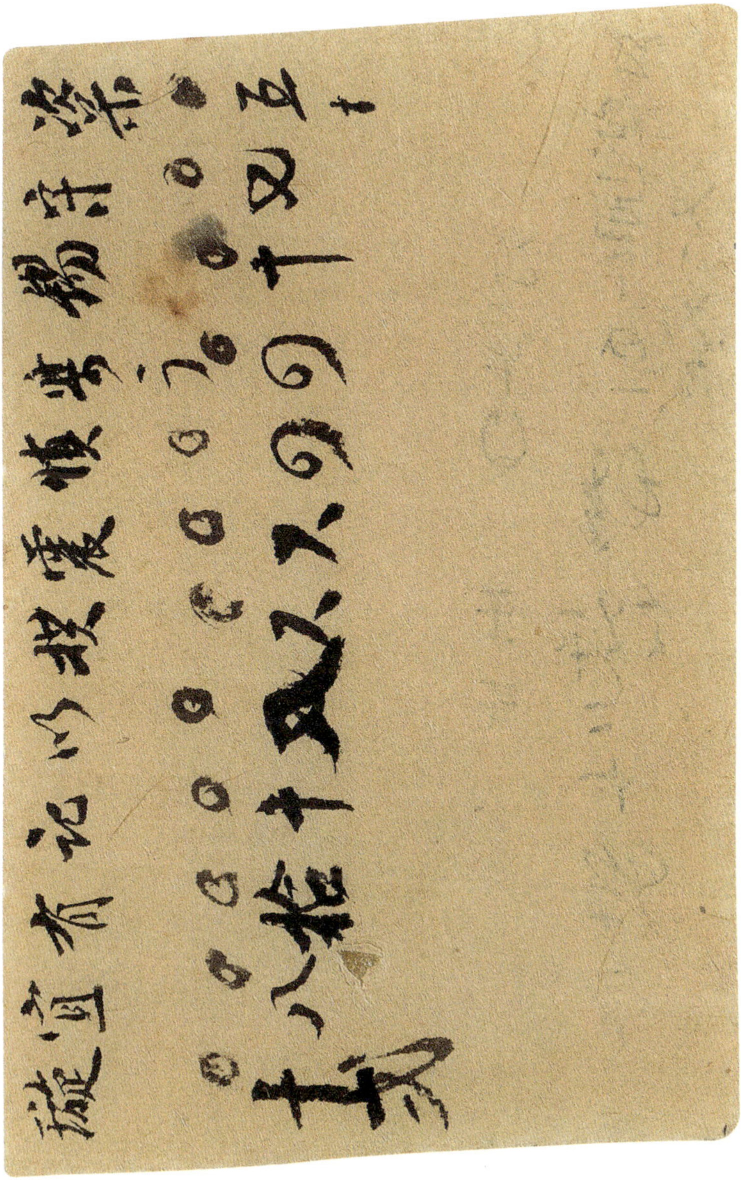

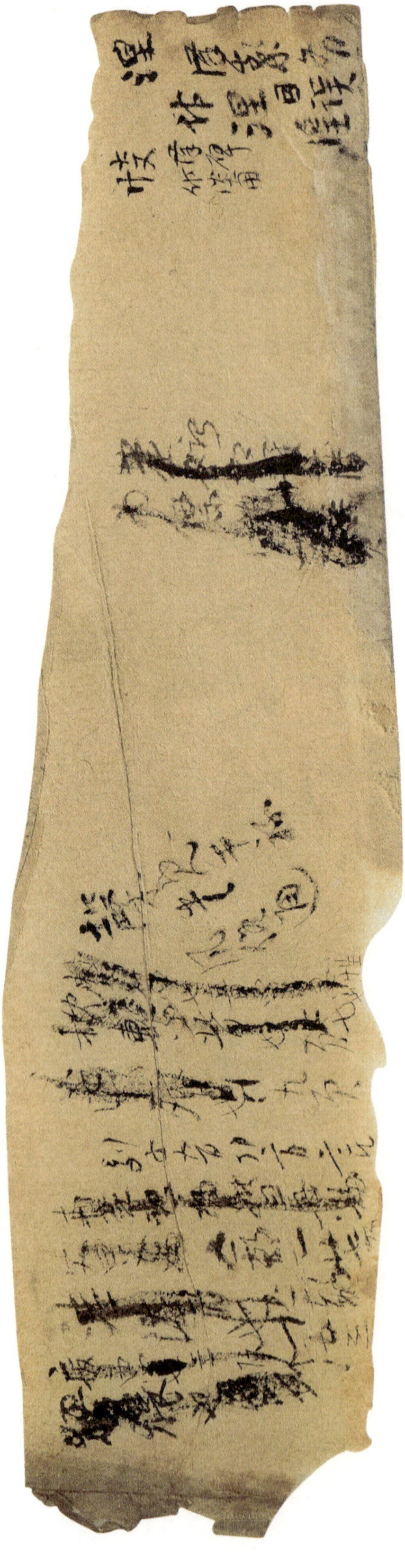

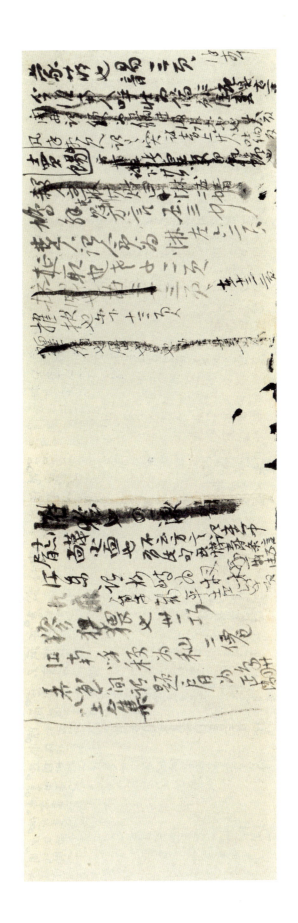

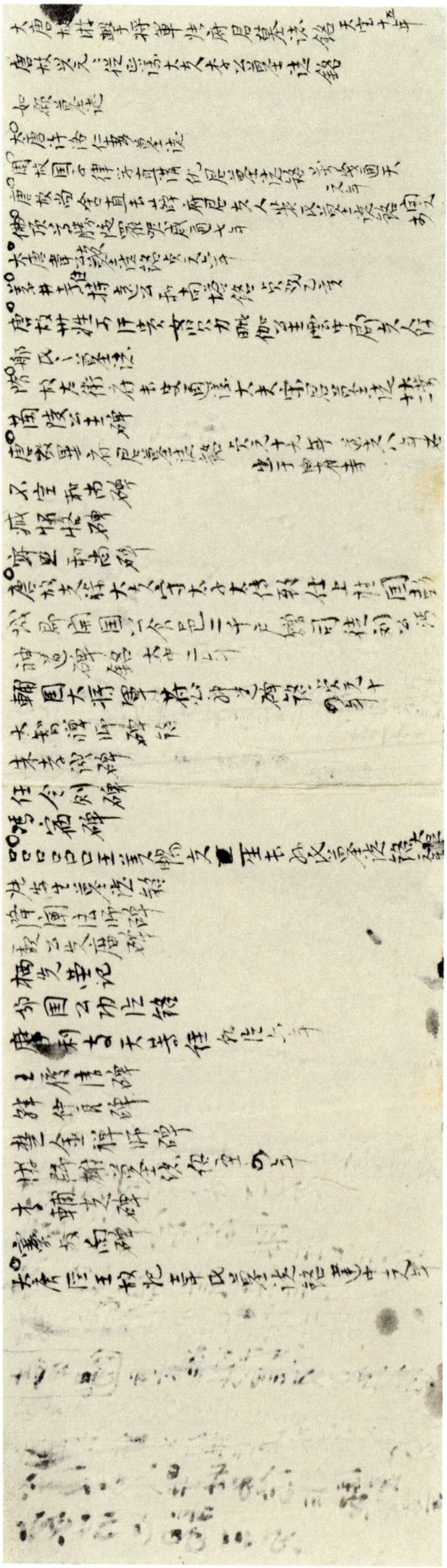

圖書在版編目（CIP）數據

重校方言 /（清）盧文弨撰；（清）勞權批校. --
杭州：浙江大學出版社，2023.9
（盧校叢編 / 陳東輝主編）
ISBN 978-7-308-24068-0

Ⅰ.①重… Ⅱ.①盧… ②勞… Ⅲ.①漢語方言－文
獻－匯編－中國－古代 Ⅳ.①H17

中國國家版本館CIP數據核字（2023）第145942號

重校方言

（清）盧文弨　撰　（清）勞權　批校

叢書主編　陳東輝
責任編輯　王榮鑫
責任校對　吴　慶
封面設計　項夢怡
出版發行　浙江大學出版社
（杭州天目山路148號　郵政編碼：310007）
（網址：http://www.zjupress.com）
排　　版　浙江大千時代文化傳媒有限公司
印　　刷　浙江海虹彩色印務有限公司
開　　本　787mm×1092mm　1/16
印　　張　18.5
印　　數　1—1500
版 印 次　2023年9月第1版　2023年9月第1次印刷
書　　號　ISBN 978-7-308-24068-0
定　　價　168.00元